Vollwertige glutenfreie Ernährung

Rezepte
für die ganze Familie

D1720457

© Copyright by Schnitzer-Verlag,
D-78112 St. Georgen im Schwarzwald
3. Auflage 1995
ISBN 3-922 894-49-6
Alle Rechte vorbehalten
Gesamtherstellung: Reiff-Druck, 77656 Offenburg

VOLLWERTIGE GLUTENFREIE ERNÄHRUNG

Rezepte für die ganze Familie

Inhaltsverzeichnis

6

Vorwort

Im Alter von 67 Jahren zwang mich meine Erkrankung an Sprue, meine Lebens- und Ernährungsweise völlig umzustellen. Ich mußte mich mit der Tatsache abfinden, daß ich mein Leben nur dann erhalten konnte, wenn ich auf die traditionellen Ernährungsgepflogenheiten gänzlich verzichtete und mir eine völlig neue Diät schuf. Diese tiefgreifende Erfahrung berührte meine ganze Persönlichkeit und mein Selbstverständnis. Sie zwang mich aber auch, meine bisherigen Lebenserfahrungen unter dem Gesichtspunkt der Vorgeschichte meiner Krankheit zu beleuchten.

Für mich gab es von jeher einen engen Zusammenhang zwischen meiner Liebe zur Natur und einer gesunden Lebensweise. Als Kind wuchs ich in einem kleinen münsterländischen Städtchen auf. Ich fühlte mich stark zur Landwirtschaft, zu Tieren und Menschen hingezogen. So war es für mich fast selbstverständlich, aus dieser Neigung heraus einen entsprechenden Beruf zu erlernen. Ich wurde landwirtschaftliche Lehrerin. Mein ganzes Interesse galt der Vermittlung einer gesunden, ganzheitlichen Lebensweise auf der Grundlage einer leistungsfähigen Haus- und Landwirtschaft und der ernährungswissenschaftlich abgesicherten Verwertung ihrer tierischen und pflanzlichen Produkte. Es wäre mir damals nie in den Sinn gekommen, daß Milch, Fleisch und Getreide den Menschen krank machen können.

Nach meiner Tätigkeit als landwirtschaftliche Lehrerin in Nordböhmen und Süddeutschland verbrachte ich vier Jahre in Argentinien. Als Hauswirtschaftsleiterin der Residenz des deutschen Botschafters hatte ich bei vielen gesellschaftlichen Anlässen auf gastfreundliche Eßkultur zu achten. In dieser Phase des großzügigen Wohlstandes machten sich bei mir die ersten Krankheitssymptome im Magen- und Darm-Trakt bemerkbar, damals als klimabedingte Erscheinungen abgetan. Fortan litt ich öfter, mehr oder minder heftig, an Magen- und Darmbeschwerden. Alle ärztlichen Untersuchungen bescheinigten die üblichen Magen- und Darmkrankheiten (z. B. Gastritis). Als Ehefrau und Mutter von sieben Kindern legte ich gesteigerten Wert auf eine gesunde und ausgewogene

Ernährung. Meine eigenen Magen- und Darmprobleme ließen indes nicht nach, sondern verschlimmerten sich mit zunehmendem Alter. Vor vier Jahren nun erlitt ich einen völligen Zusammenbruch des Magen- und Darm-Traktes, der meinen ganzen Körper und mein Wohlbefinden in Mitleidenschaft zog. Heftiges Erbrechen und starke Durchfälle verursachten einen rapiden Gewichtsverlust, der mich sehr schwächte und der meine Haut austrocknete. Dank meines unermüdlichen Hausarztes, Dr. Drerup, der keine Untersuchungsmöglichkeit ausließ, wurde endlich eine Diagnose gestellt, die auf eine Ursache des Krankheitsgeschehens hinwies: Mein Körper verwertete kein tierisches Eiweiß. Bei einem anschließenden Krankenhausaufenthalt diagnostizierte der Internist, Dr. Kahlert, daß ich an Sprue (bei Kindern Zöliakie) litt.
Beiden Ärzten verdanke ich die ersten lebenswichtigen diätetischen Hinweise. Sie gaben mir Mut, mit einer völlig andersartigen Ernährung ein relativ problemloses Leben zu beginnen. Die drei Pfeiler dieser Ernährungsweise heißen: völliger Verzicht auf tierisches Eiweiß und auf die traditionellen Getreidesorten (Weizen, Roggen, Hafer, Gerste etc.), Erkundung und Erprobung einer vollwertigen Ersatzkost sowie eine strenge Ernährungs- und Lebensdisziplin.

Für mich persönlich bedeutete diese Krankheit nicht nur Zwang, sondern die faszinierende Chance einer neuen Ernährungsphilosophie. Nun galt es, neue Kenntnisse zu erwerben, Beobachtungen anzustellen und Erfahrungen zu sammeln. Meine Forschungsarbeit begann: Ich führte Gespräche mit Betroffenen und Ärzten, kontrollierte meine Lebensweise und die körperlichen Reaktionen, war auf der immerwährenden Suche nach einschlägiger Literatur und probierte alle glutenfreien Produkte des Gesundheitsmarktes aus. In meiner „Versuchsküche" zu Hause stellte ich meine eigenen glutenfreien Mehle her, da die im Handel erhältlichen glutenfreien Fertigmehle aufgrund ihres hohen Anteils an Stärke und Zusatzstoffen bei mir immer wieder zu Blähungen und Durchfällen führten.

Eine ausgiebige Korrespondenz mit dem Schnitzer-Verlag in St. Georgen motivierte mich, meine Beobachtungen und Diätvorschläge in einem Buch darzustellen und der interessierten Öffentlichkeit zugänglich zu machen. Der Verlag stellte mir zur Erleichterung meiner diätetischen Forschungsarbeit eine Getreidemühle mit Steinmahlwerk zur Verfügung. Nun backe ich mir aus Mais, Reis, Buchweizen, Hirse und Sojabohnen meine eigenen Vollwertbrote, die nicht nur sämtliche Nähr- und Vitalstoffe enthalten, sondern auch so schmackhaft sind, daß alle Familienmitglieder sie mit großem Appetit essen.

Seit ich mich mit Vollwertmehlen, Frischgemüsen und Sojaprodukten ernähre, fühle ich mich so wohl wie seit Jahrzehnten nicht mehr. Selbst zwei chronische Krankheiten (Herz und Leber), die jahrelang medikamentös behandelt werden mußten, haben sich inzwischen so gebessert, daß ich ohne Medikamente auskomme.

Die im vorliegenden Buch beschriebene Ernährungsweise hilft jedoch nicht nur Zöliakie-Kranken. So verweise ich z. B. darauf, daß der hohe Blutdruck durch eine salzarme, an Frischkost reiche Ernährung und den regelmäßigen Verzehr von Sojaprodukten in kurzer Zeit deutlich gesenkt werden kann. Durch den regelmäßigen Verzehr von Vollreis in Verbindung mit calciumreichem Sesam oder auch Sauermilch und Käse sowie vielen Gemüsen, möglichst als Frischkost, läßt sich der Harnsäuregehalt des Körpers beträchtlich senken und auf einem normalen Niveau halten, so daß man der Gicht und dem Weichteil-Rheuma vorbeugen oder diese Krankheiten mildern kann. Allerdings wird diese Diät nur dann heilsam sein, wenn man konsequent auf die Nahrungsmittel verzichtet, denen wir die Harnsäurekristalle in den Gelenken verdanken: Fleisch und Wurst, vor allem Innereien sowie Fisch. Auch das Übergewicht als Auslöser für fast alle Stoffwechselerkrankungen, oft auch Diabetes, läßt sich durch die in diesem Buch beschriebene Ernährungsweise auf problemlose Art in kurzer Zeit abbauen, ohne hungern zu müssen. Nach meinen Erfahrungen im großen Familien- und Freundeskreis sind die vorliegenden Ratschläge bereits gut angekommen und erfolgreich durchgeführt worden. Mut, Geduld und Disziplin vermitteln uns letztendlich wieder mehr Lebensfreude.

Ich danke meinen Töchtern Andrea, Claudia und Cornelia: Sie haben mich ermuntert und ermutigt, das Buch zu schreiben. Die gemeinsamen Gespräche über das Buch haben das Verständnis füreinander vertieft.

Warendorf, im Februar 1989
Franzis Graf-Sittler

Medizinisches Vorwort

*D*ie Diagnose Zöliakie / Sprue bedeutet für den betroffenen Menschen eine völlige Umstellung seiner Eßgewohnheiten, und damit auch seiner Lebensweise.

Bei dieser Erkrankung liegt eine z. T. erbliche Unverträglichkeit der Dünndarmschleimhaut auf die Kleber-Eiweißfraktionen Gliadin (Weizen und Roggen), Hordein (Gerste) und Avenin (Hafer) vor. Reis- und Maisproteine sowie Buchweizen und Hirse haben keine schädigende Wirkung auf die Dünndarmschleimhaut.

Beschwerden und Symptome der Patienten umfassen ein weites Spektrum von Unbehagen, Durchfall, leichter Blutarmut bis zu schwersten Krankheitssymptomen mit den Zeichen ausgeprägter Malabsorption: übelriechende Stühle (Fettstühle), Gewichtsverlust, Abgeschlagenheit, Knochenerweichung infolge von Calciummangel, Blutarmut und Durchblutungsstörungen. Weitere wichtige klinische Symptome sind Zungenbrennen, erhöhte neuromuskuläre Erregbarkeit in Form von Muskelkrämpfen, Mißempfindungen der Haut, Nachtblindheit und Muskelschwund. Viele dieser Symptome lassen sich als Folge einer stark herabgesetzten Resorption von Magnesium und Calcium (infolge Vitamin-D-Mangel), von Spurenelementen (u. a. Zink, Eisen, Kupfer) und Vitaminen (Vitamin A, B_6, B_{12}, D, K und Folsäure) sehen.

Die endgültige Diagnose wird durch eine Schleimhautentnahme aus dem Dünndarm, z. B. im Rahmen einer Spiegelung, histologisch gestellt. Mikroskopisch findet sich eine hochgradige Abflachung der Dünndarmzotten und damit eine entsprechende Verminderung der resorptionsfähigen Dünndarmschleimhaut.

Schon ein einmaliger Diätfehler (z. B. Einnahme von 25 g glutenreichen Mehls) bewirkt innerhalb von 12 Stunden bei behandelten Sprue-Patienten eine deutliche Schleimhautumformung mit Zottenverlust. Neben der strikten Einhaltung der Diät muß die Ernährung sehr auf Vitamine, Mineralien und Spurenelemente ausgerichtet sein.

Wie bei vielen Patienten manifestierte sich auch bei der Autorin erst im Erwachsenenalter die Erkrankung mit Durchfällen, Erbrechen, Gewichtsverlust, Abgeschlagenheit und

Blutarmut. Bis zur Diagnosestellung vor vier Jahren waren 30 Jahre mit mehr oder weniger ausgeprägter Symptomatik vergangen, wobei sich die Autorin häufig instinktiv richtig mit einer Reisdiät behandelte. Mit der Diagnosestellung und der sofortigen intensiven Einarbeitung in die aufwendige Diätetik verschwanden rasch alle Symptome.

Wer hätte ideenreicher praktikable und abwechslungsreiche Diät-Rezepte, bei denen auch Nicht-Erkrankte Appetit bekommen, zusammenstellen und erproben können als die Autorin, die bei ihrer Erkrankung das Glück hatte, sich schon immer beruflich und privat mit der Ernährungs- und Nahrungsmittellehre zu befassen? So konnte Frau Graf-Sittler ihr in vielen Jahren erworbenes Wissen nach ihrer Erkrankung in der Erprobung und Ausarbeitung einer glutenfreien Vollwertdiät praktisch umsetzen.

Unter Verzicht auf jeglichen Zucker und tierisches Eiweiß bereichert sie ihren Speiseplan mit Rohkostsalaten, Nüssen und vor allem Sojamehl als Eiweißquelle.

Diese Rezeptvorschläge sind nicht nur geschmacklich ansprechend, sondern zeigen auch, wie man sich gesünder ernähren kann.

Dr. Reinhard Kahlert
Leitender Arzt der Inneren Abteilung des Josefs-Krankenhauses in Warendorf

Vorwort

Meine im vorliegenden Buch erteilten Ratschläge über die glutenfreie Ernährung haben in den vergangenen Jahren einen erfreulichen Widerhall gefunden. In vielen persönlichen Gesprächen und telefonischen Anfragen sowie in kleineren und größeren Gesprächsgruppen und einer umfangreichen Korrespondenz konnte ich mit den Lesern meines Buches wertvolle Erfahrungen austauschen. Selbst auch krankenhausinterne Diätvorschriften wurden auf die Anfrage der Ärzte hin mit Rezepten aus dem vorliegenden Buch erweitert. Immer wieder machte ich die Beobachtung, daß nicht nur Zöliakie- und Spruekranke sich die Rezepte und Anleitungen zu eigen machten und danach lebten, sondern auch viele Ratsuchende, die durch den Genuß von Fleisch und glutenhaltigen Lebensmitteln Gesundheitsstörungen hatten.

Ich hoffe und wünsche, daß das vorliegende Buch gesundheitsbewußte Leser finden möge.

Franzis Graf-Sittler
Warendorf

I Theoretischer Teil

1. Fehler unserer Zivilisationskost

Eine der Hauptursachen für viele unserer Zivilisationskrankheiten liegt in der Tatsache begründet, daß wir unsere Ernährung auf die Basis von Industrieprodukten stellen.

Dies führt dazu, daß wir einerseits von bestimmten Produkten viel zu große Mengen zu uns nehmen, andererseits mehr oder weniger stark belastete Stoffe aufnehmen.

Als Beispiele seien hier Zucker, Fleisch und Salz genannt. So ist nach Auffassung amerikanischer Wissenschaftler Zucker eine der Hauptursachen für Herzerkrankungen, Diabetes, Darmkrankheiten, Fettsucht und Karies.

Wir verbrauchen pro Kopf und Jahr 45 – 60 kg Zucker, hauptsächlich in Form von raffiniertem Zucker. Nach Ansicht der Wissenschaftler müßte der Zuckerkonsum um ca. 60% gesenkt werden, um die Gefahr der Entstehung der aufgeführten Krankheiten zu vermindern.

Die Wissenschaft belegt diese These, indem sie die chemischen Veränderungen im Körper bei der Aufnahme von Zucker aufzeigt:

Bei der Aufnahme von Zucker wird durch Enzyme des Dünndarms Zucker in Glucose und Fructose gespalten. Glucose und Fructose gelangen zunächst in die Leber, die Glucose in den Blutkreislauf einbringt. Mit Hilfe von Insulin nehmen die Zellen die Glucose auf und verbrennen sie. In Form von Glykogen wird ein Teil in den Muskeln und der Leber gespeichert. Bei zu hohem Zuckerkonsum wird der Überschuß zu Fett umgewandelt, das sich um das Herz, die Eingeweide, an den Hüften und der Gürtellinie ablagert. Das gilt nicht nur für Zucker, sondern auch für andere isolierte Kohlenhydrate, wie die Kartoffelstärke und alle sonstigen Stärkemehle.[1]

Außerdem sei noch darauf hingewiesen, daß auf einen hohen Blutzuckerspiegel in der Regel ein niedriger Blutzuckerspiegel folgt, als Auswirkung der überschießenden Insulin-Produktion. Diese Schwankungen verursachen nachweisbar deutliche psychologische Veränderungen wie verminderte Konzentrationsfähigkeit, Müdigkeit, Depressionen, Reizbarkeit, Verwirrtheit, Vergeßlichkeit und Kopfschmerzen.

Den Kampf gegen die Zivilisationskrankheiten aufnehmen und gezielt führen bedeutet weiterhin, sich von der fleischbetonten Ernährung abzuwenden. Nur wenn es gelingt, den Fleischkonsum drastisch zu reduzieren oder ganz aufzugeben, wird es gelingen, die Schadstoffbelastung, die mit dem Verzehr einhergeht, einzudämmen.

Die chemische Verseuchung des Fleisches mit Rückständen aller Art zwingt den Verbraucher zum Umdenken. So haben Lebensmittelchemiker festgestellt, daß die tierischen Lebensmittel Fleisch, Fisch und Eier mit dem Hauptanteil der Pestizide belastet sind. Auf sie entfallen 50% der Gesamtzufuhr. Milch, Butter und Käse steuern 20% bei. Getreide, Obst und Gemüse, deretwegen die meisten dieser Chemikalien eingesetzt werden, verschulden nur 25% der Belastung.

Neben Pflanzenschutzmittel-Rückständen finden sich im Fleisch auch Rückstände von Schwermetallen. Hinzu kommen eine ganze Reihe von Masthilfen und Tierarzneimitteln wie Antibiotika, Psychopharmaka, Schilddrüsenhemmer und Sexualhormone.[2] Letztendlich werden selbst noch während der Verarbeitung dem Fleisch eine beträchtliche Zahl von mehr als zweifelhaften Fremdstoffen wie Bindemittel, Phosphate, Farbstoffe und nitrithaltige Pökelsalze zugefügt.

Gegen eine fleischorientierte Ernährung spricht nach überwiegender Auffassung in der Ernährungslehre auch noch die mangelhafte Qualität von Fleisch als Nahrungsmittel. Nach Auffassung etlicher Wissenschaftler ist Muskelfleisch ein unvollständiges Nahrungsmittel, weshalb einseitige Fleischnahrung zu Mangelkrankheiten führt.[3]

Man muß der Auffassung Bircher-Benners zustimmen, der die Fleischnahrung als unrentabelste und kraftärmste Nahrung des Menschen bezeichnet, da sie bei der Verbrennung im Organismus einen ganz bedeutenden Energieverlust erleidet und beim Abbau zahlreiche Säuren bildet, die das Basen-Säure-Gleichgewicht schwer belasten. Bei erschöpfter Ausgleichs- oder Entgiftungsfunktion kommt es dann nach seiner Auffassung zu zahlreichen weiteren Stoffwechselstörungen und Organkrankheiten.[4]

Problematisch in der menschlichen Ernährung, insbesondere in der Ernährung der Zöliakie-/Sprue-Kranken und der anderen Diätformen ist die Salzzufuhr. Der menschliche Körper braucht Salz in einer ganz spezifischen Menge. Aber ein Zuviel an Kochsalz schädigt ihn erheblich und verursacht im Laufe der Zeit Organschäden. Ernährungsexperten und viele Mediziner lassen nur 2 g Salz täglich gelten, andere tolerieren gerade noch 2 – 4 g Kochsalz pro Tag. Durchschnittlich wird aber in der Bundesrepublik eine Menge von 20 – 30 g Kochsalz pro Tag verbraucht. Hier liegt eine gefährliche Überdosierung vor. Bei einer Reihe von Krankheitszuständen wie Herz-, Leber- und Nierenerkrankungen, ferner auch beim Schwangerschaftsödem, ist die heilende Wirkung des völligen Kochsalzentzuges bekannt. Insbesondere der Bluthochdruck erfordert eine streng kochsalzarme Diät. Schon beim täglichen Genuß von 5 g Salz stellen sich u. U. schädliche Wirkungen ein. Es ist eine Erfahrungstatsache, daß bei vielen Menschen Salz im Gewebe zurückbleibt, dort übermäßig viel Wasser bindet und wahrscheinlich durch den erschwerten Stoffaustausch zahlreichen Krankheiten den Boden bereitet.

Das Salzbedürfnis des Menschen kann auf eine ganz andere Weise befriedigt werden.

Zunächst bietet sich das Vollmeersalz an. Es hat nur einen Kochsalzgehalt von 80% und enthält viele Mineralstoffe und Spurenelemente, einschließlich Jod und Magnesium aus dem Meer.

---

[1] Universität Berkeley, Kalifornien, Gesundheitsreport Intern, Ausgabe 6, 1985; vgl. auch Schneider, S. 351 u. Holtmeier, S. 78.
[2] „Die Zeit", Ausgabe vom 5. 8. 1988
[3] Schneider, S. 295.
[4] Bircher-Benner, S. 15/16.

2. Hertersche Krankheit

Dann gibt es die fast unübersehbare Skala der Gewürzpflanzen, Wildkräuter und Küchenkräuter, die uns für die Vollwert-Nahrung in frischer und getrockneter Form zur Verfügung stehen. Wer aber nur getrocknete Kräuter und nicht frische aus dem Garten verwendet, weiß gar nicht, welches Geschmacks- und Geruchserlebnis er versäumt.

Darüber hinaus enthalten die frischen Gemüse, Getreide und Keimlinge sowie Sprossen Mineralstoffe, die ihnen den Eigengeschmack geben.

Schon 1927 war die Sprue als „Hertersche Krankheit" bekannt, und bereits damals gelang es einem Arzt, Dr. Bircher-Benner, diese Krankheit mit einer Rohdiät zu bekämpfen: In seinen Niederschriften über die Ernährung dieser Kranken stehen Gemüse jeglicher Art, insbesondere auch Blattgemüse, an erster Stelle. Aber auch die Zufuhr von ungesättigten Fettsäuren, beispielsweise in Sonnenblumenkernen, sowie von Äpfeln, Bananen, Erdbeeren und Heidelbeeren als Zusatznahrung hält Bircher-Benner für erforderlich.

Ein deutlicher Hinweis auf die strikte Vermeidung von Weizen, Roggen, Hafer und Gerste und der Ausschluß denaturierter Nahrungsmittel ist in seiner Niederschrift erkennbar. Weiterhin hält Bircher-Benner die Verwendung von Soja, Mandelpüree und Sesam für wichtig. Wörtlich heißt es bei ihm: „Zuckerstoffe dürfen nur aus den natürlichen Quellen stammen: aus Frischkost, Gemüse, wohlgekauten Getreidekörnern erlaubter Sorten."[1] Und an anderer Stelle: „Es müssen alle lebenswichtigen Elemente in besonders sorgfältiger Harmonie und in vitalstoffreicher Form gegeben werden."[1]

Bevor ich auf die Diät bei Zöliakie im einzelnen eingehe, möchte ich noch einen Experten auf diesem Gebiet anführen. Nach Auffassung von Dr. J. G. Schnitzer bietet eine vollwertige Nahrung viele Variationen, die wir zur Stabilisierung der Gesundheit und im Krank-

---

[1] Bircher-Benner-Handbuch, Bircher-Benner-Verlag, Hamburg/Zürich (Schweiz), 1968, S. 18.

3. Grundprinzipien einer Vollwerternährung

heitsfall zur Wiederherstellung der Gesundheit brauchen. Durch eine gesunde Ernährung und durch eine Ernährungsumstellung verschwindet seiner Meinung nach die Anfälligkeit gegen Krankheiten, die psychische Verfassung wird besser, das Lebensgefühl wird gesteigert, es tritt eine Ausgeglichenheit des Wesens ein, man wird wieder vital und leistungsfähig.

Grundregel für die Zöliakie-Kranken muß es daher sein, die Ernährung aus Grundnahrungsmitteln selbst herzustellen, denn auch bei „glutenfreien Industrieprodukten" kann der Verbraucher nie 100%ig sicher sein, ob auch wirklich völlige Glutenfreiheit besteht.

Grundlage einer gesunden Ernährungsweise kann nur die Vollwerternährung sein. Gerade der Zöliakie-/Sprue-Kranke braucht den vollen Wert unserer Nahrung. Dazu gehören vor allem auch vollwertige glutenfreie Mehle.

Aber was ist Vollwerternährung? Alles, was die Natur hervorbringt, ist vollwertig. Aber der Mensch greift ein in das Naturgeschehen, er isoliert, präpariert, extrahiert, konserviert und erhitzt die wertvollen lebendigen Lebensmittel. Dadurch entstehen die denaturierten Nahrungsmittel, wozu in erster Linie Auszugsmehle, die Weißmehle, ohne Randschichten und ohne den wertvollen Keim, sowie alle Stärkearten und Fabrikzucker zählen.

Wir leben im Zeitalter der denaturierten Lebensmittel, die keinen großen Nähr- und Gesundheitswert mehr haben.

Die Denaturierung begann 1840, als man in Ungarn die Walzmühlen entwickelte, in denen man die ersten Auszugsmehle herstellte. Auf der Weltausstellung in Paris im Jahre 1873 zum erstenmal vorgestellt, begann der weltweite Siegeszug dieser Mühlen. Auf dem Lebensmittelsektor setzte in zunehmendem Maße die Technisierung ein und damit gleichzeitig die Entwicklung des Getreidemahlens bis zur Hochmüllerei. Aus dem Korn wurde das Auszugsmehl. Damit hatte die Industrie das angestrebte Ziel erreicht: ein für lange Zeit lagerfähiges Produkt. Wundern wir uns, daß das Auszugsmehl in den hochzivilisierten Ländern Grundlage der Ernährung wurde? Damit war der Beginn der Zivilisationskrankheiten gegeben, die sich in immer größerem Umfang ausbreiteten. Was geht beim Mahlgang vor sich? Man entfernt den Keimling als rasch verderblichen Bestandteil des Korns, ebenso die Schale (Kleie). Genau die Teile des Korns also, die wichtige Vitamine, Mineralstoffe und Spurenelemente sowie die Ballaststoffe enthalten. Übrig bleibt der Mehlkörper mit nur geringen Mengen an Vitalstoffen, also ein isoliertes Kohlenhydrat. Aus diesem werden, oft noch in Verbindung mit Zucker – ebenfalls ein isoliertes Kohlenhydrat –, unübersehbare Mengen von Produkten hergestellt. Wer diese Produkte zur Basis seiner Ernährung macht, darf sich nicht wundern, wenn sich der Körper zu irgendeinem Zeitpunkt in Krankheiten flüchtet.

Und was wird später aus den Kindern, die von klein auf mit diesen Produkten ernährt werden? Man sage nicht, das alles sei an den Haaren herbeigezogen. Sehen Sie sich in Krankenhäusern um, in Krankenpflegeheimen. Ich will Sie nicht mit Zahlen und langweiligen Statistiken bemühen, das ist auch nicht erforderlich. Schon im Freundes- und Verwandtenkreis erleben wir sehr häufig den frühen Verfall der Gesundheit, und oft sind wir betrübt, das lange Leiden und die qualvollen Jahre der älteren Menschen mitansehen zu müssen. Natürlich ist es nicht nur die Fehlernährung, welche diese allgegenwärtigen Krankheiten auslöst, es spielen auch noch andere Faktoren eine Rolle. Aber sicher ist die falsche Ernährung über viele Jahre und Jahrzehnte nicht die unbedeutendste Ursache.

Wir aber, die wir gesund werden und es bleiben wollen, ernähren uns aus frisch gemahlenen Vollwertmehlen. Von Kartoffeln, die wir in der Schale dämpfen, von Früchten, die nicht zu Säften verarbeitet, sondern in ihrem ursprünglichen Zustand verzehrt werden. Von Gemüsen, die frisch und an der richtigen Stelle eingekauft, roh oder sorgfältig gegart, auf den Tisch kommen. Von biologisch gezogenen Hülsenfrüchten, die, gekocht, gekeimt, geschrotet, mit anderen Vollwertmehlen zu Brot verarbeitet werden. Niemand braucht auf eine vollwertige Nahrung zu verzichten, man muß nur bereit sein, Neuland zu betreten. Gutes gesundheitliches Befinden, höhere Lebensqualität, höhere Leistungsfähigkeit und damit mehr Freude am Leben stellen sich ein, sobald die „andere Ernährung" zur Selbstverständlichkeit geworden ist.

Da in diesem Buch häufig der Begriff „Vitalstoffe" erscheint, sei kurz darauf hingewiesen, welche „Stoffe" dieser Begriff beinhaltet: Vitamine, Mineralstoffe, Spurenelemente, Ballaststoffe, Enzyme, hochungesättigte Fettsäuren und Aromastoffe.

Getreidearten, die bei Zöliakie Verwendung finden

Da die sonst üblichen Getreidearten Weizen, Roggen, Hafer, Gerste und Dinkel Klebereiweiß enthalten, dürfen sie bei der Ernährung der Zöliakie-Kranken nicht verwendet werden. Reis, Mais, Hirse und Buchweizen dagegen sind glutenfrei und spielen somit bei der Ernährung der Zöliakie-/Sprue-Kranken eine wichtige Rolle. Da diese Getreidearten den erstgenannten im Nähr- und Vitalstoffgehalt nicht nachstehen, sind sie auch allen Gesunden zu empfehlen.

Mais

In Südeuropa, in zahlreichen amerikanischen Gebieten und in Südamerika spielen Maismehl und Maisschrot die gleiche Rolle wie bei uns Roggen- und Weizenmehl. Gesundheitlich wertvoll ist seine Verwendung nur als Vollwertmehl, das wir uns selbst auf der Getreidemühle herstellen können.

**Nähr- und Vitalstoffgehalt –
in 100 g sind enthalten[1]:**

Eiweiß	9,2 g
Fett	3,8 g
Kohlenhydrate	65,2 g
Vitalstoffe: Calcium, Phospor, Magnesium, Eisen, Vitamine A und E	

Maiseiweiß und Bohneneiweiß lassen sich zu einer hohen Eiweißqualität kombinieren. Mais wird in unseren Rezepten immer als volles Korn für die Zubereitung von Brot, Fladen, Brei, Kuchen, Omelett und Frühstücksmüsles verwendet. Er kann für jede Zubereitungsart individuell auf der Steingetreidemühle gemahlen werden.

Buchweizen

Man nennt ihn auch Heidekorn. Er ist ein Knöterichgewächs, wie Sauerampfer und Rhabarber, zählt also nicht zu der Familie der Gräser, wie alle anderen Getreidearten. Die Bezeichnung rührt wohl daher, daß der Fruchtknoten an Bucheckern erinnert.

**Der Nähr- und Vitalstoffgehalt von Buchweizen ist bedeutend.
In 100 g sind enthalten[1]:**

Eiweiß	10,0 g
Fett	1,7 g
Kohlenhydrate	71,3 g
Kalium, Calcium, Phosphor,	
Magnesium, Eisen, Fluor,	
Vitamine: E, B_1, B_2, B_6	

Buchweizen ist leicht verdaulich und daher bekömmlich. Sein Eiweiß wirkt lockernd, deswegen kann man ihn gut in der Säuglings- und Kinderernährung einsetzen. Er ist ein wertvolles, aufbauendes Lebensmittel. Wie schon der Name Heidekorn besagt, wächst Buchweizen auf kargen Böden. Wir verarbeiten den Buchweizen in der Steingetreidemühle zu Schrot oder feinem Mehl für Brote und Gebäcke oder als ganzes Korn für Frühstücksmüsles. Brei-Getreide-Mischungen oder Getreideschleim verwenden wir in der Säuglingsernährung.

[1] siehe Fußnote Seite 22

Reis

Reis ist die Hauptnahrung in Südost- und Ostasien. Das Reiskorn ist von einer Spelze umgeben. Nach ihrer Entfernung liegt ein braunes, etwas silbrig glänzendes Korn vor. Dieses entspricht unserem Begriff Vollkorn. Durch die Verarbeitung zum „weißen Reis", d. h. durch das Entfernen dieses Silberhäutchens, durch das Schälen und Schleifen, gehen 70 – 90% hochwirksamer Nähr- und Vitalstoffe verloren.

In 100 g Reis sind enthalten[1]:

Eiweiß	7,4 g
Fett	2,2 g
Kohlenhydrate	74,6 g
Kalium, Calcium, Magnesium, Eisen, die Vitamine E, B_1 und B_6	

Das Reiseiweiß hat eine höhere Wertigkeit als das Weizeneiweiß. Da Reis sehr arm an Natrium ist, sollte er in verstärktem Maße in der Ernährung von Nieren- und Bluthochdruckkranken und bei Wasseransammlungen im Körper eingesetzt werden.
Reisschleimabkochungen haben sich auch bei Krankheiten im Magen-Darmbereich und in der Ernährung der Säuglinge und Kleinkinder bewährt.
Ein ideales und vollwertiges Lebensmittel stellt Reis für die Zöliakie- und Sprue-Kranken dar, da es glutenfrei ist. In der Steingetreidemühle läßt Reis sich zu Reismehl vermahlen. Er wird somit zum wichtigen Bestandteil des Vollwertmehls für Brote und Kuchen. Aber auch in Körnerform ist Reis außerordentlich vielseitig zu verwenden.

Hirse

Die Hirse ist eine Getreideart, die jahrhundertelang zu den Grundnahrungsmitteln vieler Länder zählte. Heute spielt sie noch in Afrika, Asien und Nordamerika eine große Rolle. Um sie verzehren zu können, muß das Korn von den Spelzen befreit werden, von denen es umschlossen ist. Diese unverdauliche Schale enthält keine Nähr- und Vitalstoffe, das Korn um so mehr.

In 100 g Hirse sind enthalten[1]:

Eiweiß	10,6 g
Fett	3,9 g
Kohlenhydrate	69 g
Bedeutungsvoll ist der Gehalt an Kalium, Calcium, Phosphor, Magnesium, Eisen, Fluor und an den Vitaminen der B-Gruppe	

Was die Hirse vor allen anderen Getreidearten auszeichnet, ist ihr hoher Gehalt an Kieselsäure.
Auch Hirse können wir in der Steingetreidemühle zu Mehl vermahlen und dann für die Herstellung von Brot, Gebäck, für Aufläufe, Suppen und Pfannkuchen verwenden. Vor allem aber dürfen wir ihren Wert für die Säuglingsernährung nicht unterschätzen. Als Korn, gemahlen oder leicht durchgeköchelt, geben wir einen Anteil ins Fläschchen, in den Brei oder auch ins Frühstücksmüsle für die Familie.

---

[1] Die große Nährwerttabelle, Institut für Ernährungswissenschaft der Universität Gießen. Gräfe und Unzer Verlag, München. Ausgabe 1988/89.

Ohne Getreidemühle geht es nicht

Vor etwa zwei Jahrzehnten stieß Dr. Johann Georg Schnitzer bei seinen Entdeckungsreisen in die Urzeit menschlicher Ernährung auf ein ganz altes, aber bis zum heutigen Tag unverändertes Lebensmittel: das Getreide.

Getreide war zu allen Zeiten die natürlichste Grundlage für die tägliche, richtige Ernährung. Schnitzer fand heraus, daß im Getreidekorn so ziemlich alles enthalten ist, was der menschliche Körper zu seiner Entwicklung und Gesunderhaltung braucht: Stärke, Eiweiß, Fett, Vitamine, Enzyme, Spurenelemente, Mineralstoffe und Ballaststoffe. Allerdings stehen uns, so Schnitzer, diese Vitalstoffe nur im vollen Korn zur Verfügung, nicht aber im weißen Auszugsmehl und schon gar nicht in den Stärkemehlen. Dem Auszugsmehl sind diese Stoffe durch Aussieben der Kleie und des Keimlings entzogen worden, denn sie beeinträchtigen, wie schon erwähnt, die Lagerfähigkeit des Mehls. Das Getreide selbst, also ungemahlen, ist jedoch, wenn man es richtig lagert, Jahre und Jahrzehnte haltbar. Wenn man es kurz vor der Verwendung frisch und schonend mahlt, hat man den Wert des vollen Korns und damit die Grundlage für die vollwertige Ernährung.

Wenn mir eine Getreidemühle zur Verfügung steht, kann ich mir zu jeder Zeit für jedes Gericht mein Mehl selber mahlen und sofort weiterverarbeiten. Durch die Zerkleinerung des Korns wird sein Inhalt dem Luftsauerstoff ausgesetzt, wodurch eine Oxydation stattfindet. Dabei gehen viele wichtige Vitalstoffe verloren, wenn man das Mehl nicht umgehend verwertet. Bereits nach kurzer Zeit ist das Mehl für unsere Gesundheit wertlos.

Ein weiterer Vorteil der Getreidemühle ist, daß man sie ständig zur Verfügung hat und sich weite Wege zum Naturkostladen erspart. Auch kann man sich größere Vorräte an Getreide anschaffen, da es lange lagerfähig ist.

Die Mehlgewinnung in der eigenen Getreidemühle wirtschaftlich betrachtet

Es ist eine Art der Nahrungsbeschaffung, die in ihrer Rentabilität von keiner anderen überboten werden kann. Ohne große Schwierigkeiten und Kosten schaffen wir die Basis unserer Ernährung:

a) Aus garantiert chemiefreien Böden (denn wo wir das Getreide kaufen, bestimmen wir selbst).

b) Wir beschaffen uns Hülsenfrüchte und Körner in einer Menge, die der Größe unseres Haushalts entspricht und die für alle Situationen ein nähr- und vitalstoffreicher Vorrat ist.

c) Die Vorräte sind so bequem verpackt, daß man sie ohne Schwierigkeit in einem Küchenschrank oder in der Speisekammer unterbringen kann. Wir haben sie schnell bei der Hand und brauchen nicht erst unnötige Einkaufswege zu machen.

d) Zu welchem Zeitpunkt wir uns mit frischem Brot versorgen wollen, entscheiden wir selbst. Da das Mahlen des Mehles mit der elektrischen Getreidemühle sehr schnell und problemlos vonstatten geht, können wir jederzeit genau die Menge herstellen, die wir für die jeweilige Speise brauchen. Somit stehen keine Mehltüten herum, bei denen man ängstlich auf das Verfallsdatum achten muß.

e) Wir brauchen keine Fertigmehle mehr zu uns zu nehmen, sondern das volle Korn mit allen Vitalstoffen und seinem herrlichen Geschmack.

f) Immer wieder finden wir neue Geschmacksrichtungen. Immer wieder können wir Rezepte ausprobieren und neue Nähr- und Vitalstoffkombinationen finden.

g) Die Säuberung der Backgeräte von Teigresten geht leicht und schnell vor sich.

h) Sehr schnell werden wir feststellen, welch eine Überraschung unser Vollwertbrot und -gebäck für unsere Gäste bedeutet!

i) Eine Kostenberechnung wird uns beweisen, wieviel Geld wir einsparen, wenn wir nicht das teure Fertigmehl kaufen, sondern glutenfreies Mehl selbst herstellen.

Viele werden sich fragen, ob der Anschaffungspreis für eine Mühle nicht zu hoch ist.

Die in diesem Buch angestellten Preisvergleiche, besonders für die Ernährung Zöliakie- und Sprue-Kranker, beziehen sich auf den Einkauf der Fertigmehle und setzen diese in Kostenvergleich zu selbstgemahlenem Vollwertmehl. Sie zeigen deutlich, wie schnell sich die Getreidemühle amortisiert.

Mancher lehnt die Vollwertkost mit dem Hinweis ab, sie sei zu teuer. Das läßt sich mit dem Rechenstift widerlegen. Das teuerste Lebensmittel ist das Fleisch. Man rechne sich einmal aus, wieviel Geld man spart, wenn wir für Fleisch und Wurst auf einen vollwertigen, weitaus billigeren und gesünderen Ersatz ausweichen.

Und wie steht es mit dem Grundnahrungsmittel Brot?

Eine einfache Kostenberechnung kann auch hier die Behauptung, Vollwertkost sei teuer, widerlegen:

Durchschnittspreis von glutenfreiem Fertigmehl: 1 kg ca. DM 8,60.

Dieser Betrag erhöht sich noch wesentlich, wenn man dem Fertigmehl Buchweizenmehl und Hirse oder andere Zusätze beimengt. Hier sei noch erwähnt, daß die gekauften Fertigmehle aus Reis und Buchweizen keine Vollwertmehle sind, die erhält man nur aus der Getreidemühle.

Vollwertmehl, das sich beispielsweise zusammensetzt aus:

700 g Mais	DM 2,20
200 g Buchweizen	DM 1,03
100 g Hirse	DM 0,39
Stromkosten ca.	DM 0,17
1 kg Vollwertmehl	DM 3,79

Solange der Betrag für eine Getreidemühle nicht zur Verfügung steht, ergeben sich vorübergehend folgende Möglichkeiten:

Zunächst kann man sich, z. B. beim Schroten für den Frischkornbrei, mit einer alten Hand- oder elektrischen Kaffeemühle helfen.

Das ist aber in jedem Fall nur ein Übergang und wird sehr bald den Bedürfnissen nicht mehr gerecht. Unmöglich ist es, auf diese Weise größere Mengen für das Backen von Vollkornbrot zu mahlen. Dann ist es schon besser, das Mehl in einem Naturkost- oder Reformgeschäft mahlen zu lassen. Ich habe alle Mehle und Mehlgemische, die für die Gerichte in diesem Buch angegeben sind, auf einer Schnitzer-Steingetreidemühle gemahlen. Diese Mühlen haben ein Steinmahlwerk, welches das Erhitzen des Mahlgutes ausschließt. Damit kann man das Getreide zu einem besonders lockeren Mehl und einem feinen flockigen Schrot zermahlen. Ein weiterer Vorteil ist, daß die Mahlsteine sich von selbst nachschleifen und sich durch das nachlaufende Mahlgut von selbst reinigen. Es gibt diese Mühlen passend für jede Haushaltsgröße und in jeder Preislage.[1]

Getreideeinkauf

Beim Einkauf von Getreide sollte man auf jeden Fall der Qualität seine Aufmerksamkeit widmen. Es sollte aus biologischem Anbau stammen. Kunstdünger und der Einsatz von Pflanzenschutzmitteln verringern die Getreidequalität bzw. schaden unserer Gesundheit. Speziell Schädlingsbekämpfungsmittel kommen besonders in den äußeren Schichten des Getreidekorns zur Ablagerung.

Getreidelagerung

Körner und Hülsenfrüchte verlangen eine trockene Lagerung bei einer Temperatur von 18 – 20° C. Ähnlich wie Brot lassen sich größere Mengen Getreide und Hülsenfrüchte in Leinen- und Jutesäckchen aufheben. Auch Holzbehälter oder ein fester Karton sind geeignet, nicht aber Plastikbehälter. Wichtig ist die ausreichende Sauerstoffzufuhr. Frisch geerntetes Getreide vom Bauern ist nicht zur Aufbewahrung für längere Zeit und zum Mahlen in der Getreidemühle geeignet, wenn es einen höheren Feuchtigkeitsgehalt hat. Es „atmet" während der Lagerung. Dabei erwärmt es sich und kann leicht verderben, wenn es von Schimmelpilzen befallen wird. Ein feuchter Lagerort ist auch deshalb zu vermeiden, weil sich feuchte Körner nicht mahlen lassen; sie verkleben die Mahlsteine.

---

[1] Zu erfragen bei: Schnitzer GmbH & Co. KG., Feldbergstr. 11, D-78112 St. Georgen/Schwarzwald

4. Bedeutung der Kartoffel in der Ernährung

Die Kartoffel ist ein wichtiger und notwendiger Bestandteil unserer Ernährung. Sie ist preiswert, außerordentlich vielseitig in der Küche zu verwenden und besonders geeignet für die Ernährung von Säugling und Kleinkind. Im glutenfreien Brot übernimmt die Kartoffel infolge des hohen Stärkegehalts die Wirkung des fehlenden Klebereiweißes.

Energiegehalt

Kartoffeln werden zu unrecht als „Dickmacher" abqualifiziert, denn 100 g Kartöffeln (eßbarer Anteil) enthalten durchschnittlich nur 355 Kilojoule (85 Kilokalorien). 1 Portion Kartoffeln (= 200 g eßbarer Anteil) enthält somit durchschnittlich 710 Kilojoule (170 Kilokalorien).

Eiweiß

Der Eiweißgehalt ist mit ca. 2 g pro 100 g Kartoffeln vergleichsweise gering. Die biologische Wertigkeit des Kartoffeleiweißes ist jedoch höher als die der meisten pflanzlichen Lebensmittel, mit Ausnahme der Sojabohne. Das Kartoffeleiweiß ergänzt besonders gut das Eiweiß aus Eiern und Milch. Allerdings muß man bei Milchintoleranz auf diese Beigabe verzichten. Geschmacklich erreicht man eine ähnliche Wirkung mit der Sojamilch.

Fett

Die Kartoffel enthält nur sehr wenig Fett. Dieses Kartoffelfett besteht überwiegend aus ungesättigten Fettsäuren (Linolsäure und Linolensäure). Sie tragen mit zum angenehmen Geschmack und Geruch der Kartoffel bei.

Kohlenhydrate

Die Kartoffel ist ein wichtiger Kohlenhydratlieferant. 100 g Kartoffeln enthalten durchschnittlich 18 g Kohlenhydrate. Der überwiegende Anteil der Kohlenhydrate besteht aus Stärke, die im Magen-Darm-Trakt langsam in ihre Bausteine – Traubenzucker – zerlegt wird. Das Sättigungsgefühl hält daher länger an.
Wegen der besonders leichten Verdaulichkeit der Kartoffel, ihres hohen Nährstoff- und Vitalstoffgehalts und ihres Wohlgeschmacks ist dieses Lebensmittel besonders für die Krankenernährung geeignet.
Die Stärke in der Kartoffel hat eine hohe Bindekraft, so daß sie bei der Herstellung glutenfreier Brote und Gebäcke das fehlende Klebereiweiß ersetzen kann.

Mineralstoffe

Die Kartoffel ist ein wichtiger Lieferant für Mineralstoffe und Spurenelemente, die für unseren Stoffwechsel benötigt werden. Sie enthält z. B. reichlich Kalium und Magnesium, jedoch nur wenig Natrium. Sie entspricht damit weitgehend den Forderungen der modernen Ernährungswissenschaft für eine gesunde Ernährung.

Vitamine

Im Spätsommer, gleich nach der Ernte, enthält die Kartoffel bis zu 20 mg Vitamin C/100 g. Im Laufe der Lagerung nimmt der Vitamin-C-Gehalt ab. Bei der Zubereitung gehen je nach Garverfahren bis zu 50% des Vitamin C verloren.
Die Vitamine B_1, B_2, B_6 und Nicotinsäureamid sind ebenfalls enthalten.

5. Die Sojabohne – die wichtigste Eiweißlieferantin

Ballaststoffe

Kartoffeln sind – wie viele andere pflanzliche Lebensmittel auch – reich an Ballaststoffen. Diese sind für den Menschen unverdaulich, d. h. sie können nicht zur Energieversorgung herangezogen werden. Ihre ernährungsphysiologische Bedeutung liegt in der Anregung der Darmtätigkeit.

Die hohen Nähr- und Vitalstoffgehalte gilt es bei der küchentechnischen Zubereitung weitestgehend zu erhalten. Ganz allgemein erfahren geschälte Kartoffeln bei der Zubereitung eine wesentlich größere Wertminderung als ungeschälte.

Dämpfen verursacht geringere Verluste als Kochen. Bei der üblichen Herstellung von Salzkartoffeln tritt allein in bezug auf den Vitamin C- und Mineralstoffgehalt ein Verlust von 25% auf. Der Verlust an Vitamin C hängt auch von der Erhitzungsdauer ab. Durch Aufwärmen oder Warmhalten tritt der stärkste Verlust ein. Man kann sagen, die Kartoffel wird dadurch fast wertlos.

Wir sollten aus diesen Tatsachen lernen: Die in der Schale gedämpfte Kartoffel ist am wertvollsten. Daher ist der möglichst häufige Verzehr von Pellkartoffeln anzuraten.

Ein besonderes Kapitel soll der Sojabohne gewidmet sein. Sie ist reich an hochwertigem pflanzlichem Eiweiß und kann deshalb in der Ernährung gesunder Menschen, aber auch bei Zöliakie/Sprue, statt Fleisch verzehrt werden. Insbesondere ist sie eine Alternative bei Unverträglichkeit von tierischem Eiweiß (vergl. Kapitel 11).

Der Eiweißgehalt der Sojabohne, im Vergleich zu Fleisch, Ei und Milch, jeweils in 100 g:

Sojabohne	36,8 g
Fleisch	15 g
Ei	12,9 g
Milch	3,3 g

Außerdem sind in 100 g Sojabohnen enthalten:

Fett	23,5 g

mit einem Anteil von 10% ungesättigten Fettsäuren, Vitamine: B_1, B_2, A, E und K, außerdem Calcium, Magnesium, Kupfer, Eisen, Mangan und Phosphor.

Sie ist kalorienarm, leicht verdaulich und frei von Cholesterin.

Uralt ist die Geschichte der Sojabohne. Sie wird in China nachweislich seit mehr als 5000 Jahren gezüchtet. Bevor der Kaiser und große Botaniker Chengnung sie in sein großes Buch der Pflanzen aufnahm, war sie schon das wichtigste Nahrungsmittel. Sie gehört zu den 5 heiligen Früchten der Chinesen. Seit dem 18. Jahrhundert ist die Sojabohne auch in Europa eingeführt. Auf Grund der Aktualität einer fleischlosen

Kost und des Kampfes gegen den Hunger in der Welt sieht man im Pflanzenprotein der Sojabohne den idealen „Fleischersatz". Keine Hülsenfrucht hat mehr Protein.

Aber die Sojabohne ist nicht nur Nahrungs- und Futtermittel. Sie wird in den verschiedensten Industriezweigen als Grundstoff benutzt und industriell verwertet.

Im Kapitel „Unverträglichkeiten der Zöliakie-/Sprue-Kranken", Seite 49, wird auf die auf dem Markt erhältlichen, nicht glutenfreien Tofuprodukte und Fertiggerichte hingewiesen, die auch auf Grund ihres sehr hohen Verarbeitungsgrades nicht zur Vollwerternährung gehören.

Für unsere gesunde Ernährungsweise ist die Sojabohne nur in folgender Form von großem Wert:

Als gelbe Bohne – zum Mahlen in der Getreidemühle zu Sojamehl; Soja-Vollwertmehl, in der Getreidemühle gemahlen, ist im richtigen Mengenverhältnis eine große Nährstoffanreicherung der glutenfreien Vollwertmehle für Brot und Gebäck. Soja-Vollwertmehl kann für sehr viele Speisen als Eierersatz dienen.

Zum Kochen:

Eine andere Zubereitungsform der Sojabohne ist das Kochen, und in Verbindung mit ausgesuchten frischen oder getrockneten Kräutern lassen sich schmackhafte Suppen herstellen.

Zur Gewinnung von Sojamilch und Tofu:

Die Milch, aus Sojabohnen gewonnen, ist eine Alternative zur Tiermilch; der aus dieser Milch gewonnene Tofu stellt eine ebenso gute Alternative zum Quark dar.

Als grüne Bohne (Mungobohne) – zum Keimen und damit zur Gewinnung von Sojasprossen:

Durch den Keimvorgang erhalten wir die Sojasprossen mit sehr hohem Vitalstoffgehalt. Sie sind eine wohlschmeckende Ergänzung zu Salaten, Gemüsen und vielen anderen Gerichten.

Sojaöl,

kaltgepreßt, läßt sich in der Küche für alle Gerichte verwenden. Es ist aber ratsam, um in den Genuß aller wertvollen Nährstoffe zu kommen, dieses immer erst zum Schluß den jeweiligen Speisen zuzufügen. Es ist, wie alle kaltgepreßten Öle, nie erhitzt zu verwenden.

6. Fette in der Zöliakie-/Sprue-Ernährung und in der Vollwerternährung

Fett hat in der Reihe der Hauptnährstoffe die höchste Kalorienzahl. In den vergangenen 100 Jahren ist der Fettverzehr von 16 % der Gesamtkalorien auf etwa 45 % (150 g Pro-Kopf-Verbrauch) gestiegen.

Heute wissen die Mediziner, daß viele Stoffwechselerkrankungen, Übergewicht, Herzinfarkt und manch andere Organerkrankung ursächlich mit dem zu hohen Fettgenuß im Zusammenhang stehen. Hinzu kommt, daß meist das falsche Fett gegessen wird.

So wie Eiweiß und Kohlenhydrate muß auch das Fett im Körper in seine Bausteine zerlegt werden, bevor es in die Körperzellen weitergegeben wird. Fett besteht aus Glyzerin und Fettsäuren. Die Fettsäuren sind sehr unterschiedlich. Wir teilen sie ein in

● gesättigte,
● ungesättigte,
● mehrfach ungesättigte Fettsäuren.

Es gibt Pflanzen, die in ihrem Samen und im Fruchtfleisch beträchtliche Mengen Fett enthalten; wir nennen es daher pflanzliches Fett.

Im Unterhautfettgewebe der Tiere, an Rücken, Bauch, Därmen und Organen befinden sich ebenfalls mehr oder weniger große Mengen Fett. Es sind somit die tierischen Fette, zu welchen auch das Fett im Eigelb und das Fett in der Milch gehören.

Der oben erwähnte Fettverzehr ist deshalb so hoch, weil wir in erster Linie versteckte Fette aufnehmen, z. B. in Wurst und Käse, Torten und Süßigkeiten. Aber auch Fleisch und Fettgebackenes hat einen hohen Fettgehalt. Bei einer gesunden Vollwerternährung reicht eine Fettzufuhr von 50 bis 60 g pro Tag aus.

Aber Fett ist nicht gleich Fett. Im Fett sind auch einige lebensnotwendige Bestandteile enthalten, die der Körper selbst nicht zu bilden vermag. Wir müssen sie uns täglich mit der Nahrung zuführen. Hierzu zählen u. a. die mehrfach ungesättigten Fettsäuren, z. B. Linolsäure, und als Fettbegleitstoffe die Vitamine A, D und E. Aber auch Cholesterin, welches nur in tierischen Fetten vorkommt, und Lezithin gehören zu den Fettbegleitstoffen. In erster Linie ist die Linolsäure wichtig mit dem Vitamin E. Durch sie wird der Fettstoffwechsel aktiviert, der Verbrennungsprozeß in den Zellen gefördert, und sie hat einen günstigen Einfluß auf den Cholesterin-Stoffwechsel.

Mit Ausnahme von Palmkernfett, Kokosfett und Olivenöl sind Fette pflanzlicher Herkunft reich an mehrfach ungesättigten Fettsäuren.

Viele mehrfach ungesättigte Fettsäuren sind enthalten in:

Distelöl	Sojaöl
Sonnenblumenöl	Maiskeimöl
Walnußöl	Sesamöl
Mandelöl	Leinöl

Weizenkeimöl (für Zöliakie-Kranke nicht geeignet).

Als gesunde Fette sind nur die durch physikalische Methoden gewonnenen Nahrungsfette zu bezeichnen. Bei den pflanzlichen Ölen sind dies die kaltgepreßten Samen- und Getreidekeimöle sowie das Distelöl. Öle aus konventio-

7. Obst und Gemüse

Welchen gesundheitlichen Wert haben Obst und Gemüse für den menschlichen Körper?

nellen Herstellungsverfahren (Heißpressung, Extraktion mit organischen Lösungsmitteln, Raffination) sind in der Vollwerternährung zu meiden.

Bei der Herstellung der Margarine wird flüssiges Fett gehärtet, außerdem werden oftmals tierische Fette mitverwendet. Durch das gesamte industrielle Herstellungsverfahren vieler Margarinesorten entsteht letztendlich ein Kunstprodukt.

Falls nicht Butter als Streichfett verwendet werden kann, z. B. bei Fettstoffwechselstörungen, kann man auf ungehärtete Pflanzenmargarinen zurückgreifen, die in Reformhäusern und im Naturkosthandel erhältlich sind. Sie sind auch frei von Zusatzstoffen.

Butter wird aus süßem oder saurem Rahm der Kuhmilch gewonnen. Es ist ein natürliches, unverarbeitetes Fett. Sie enthält neben den fettlöslichen Vitaminen A, D und E auch etwas Lezithin. Butter ist bekömmlicher und leichter verdaulich als Margarine. Man kann Butter daher auch in der Zöliakie-Ernährung und für den älteren Säugling, etwa ab dem 5. Monat, verwenden. Zum Ausbacken, also stärkeren Erhitzen, sollen keine kaltgepreßten Öle verwendet werden. Man kann Kokosfett, Olivenöl oder Diasan verwenden. Dabei ist zu bemerken, daß Kokosfett den Speisen einen besonders guten Geschmack verleiht.

Der ernährungsphysiologische Wert von Obst und Gemüse liegt in dem Gehalt an Vitaminen, Mineralstoffen, Spurenelementen und Ballaststoffen, sprich Vitalstoffen. Auf diese kann der Mensch nicht verzichten. Die Gemüse liefern uns somit die Nahrungsstoffe, die eine Ergänzung zu den Hauptnährstoffen Eiweiß, Fett und Kohlenhydrate sind. Nur in ihrer Gesamtheit kann der einzelne Nährstoff vom Organismus ausgewertet werden. In ihrer Mannigfaltigkeit bringen Obst und Gemüse die notwendige Abwechslung auf unseren Tisch. Ihr richtiger Genuß hilft entscheidend mit bei der Vorbeugung von Krankheiten und wirkt oftmals heilend auf manche Krankheit ein.

Wer einen eigenen Garten besitzt, ist in der glücklichen Lage, jedes Gemüse zum richtigen Zeitpunkt zu ernten: unmittelbar vor der Zubereitung der Speisen. So umgeht man die lange Lagerung, gegen die vor allem die Vitamine sehr empfindlich sind. Auch ist frisch geerntetes Gemüse von viel größerem Wohlgeschmack als solches, das eine längere Lagerung hinter sich hat. Obst und Gemüse werden aber auch in den Städten offen – vom Bürgersteig weg – angeboten. Die Einzelhandelsgeschäfte, die in der Sommerzeit große Mengen Ware anbieten, stellen Obst- und Gemüseregale teils aus Mangel an Platz, teils aber auch aus verkaufsfördernden Gründen „vor die Tür". Diese Ware ist ständig dem Straßenverkehr ausgesetzt und daher mit Schwermetallen, besonders Blei, belastet. Der Verbraucher selbst kann diese Schadstoffe am Obst und Gemüse, das manchmal auch Quecksilber oder Arsen enthält, weder geschmacklich noch optisch feststellen. Wissenschaftler stellten fest, daß der größte Teil dieser Schwermetalle durch intensives Waschen entfernt wird.

Allgemeine Richtlinien für die Vorbereitung und Reinigung von Obst und Gemüse

Diese Richtlinien sind auf alle Früchte und Gemüse anzuwenden, die für die nachfolgenden Gerichte in Frage kommen. Es wird deshalb bei den einzelnen Rezepten nur kurz darauf hingewiesen. Beim Einkauf von Obst und Gemüse sollten Sie auf den biologischen Anbau und eine möglichst geringe Belastung mit Schadstoffen und Rückständen achten. Im allgemeinen ist ein mehrmaliges kurzes und gründliches Waschen ausreichend. Blattgemüse und Kohl sollten eventuell auseinandergenommen und ½ Stunde in Salzwasser (1 Eßlöffel Salz auf 1 l Wasser) gelegt werden. Danach sollte man die einzelnen Blätter mehrere Male unter fließendem Wasser abspülen. Dann schwingt man sie in einem sauberen Tuch oder einem Drahtkorb aus.

Feld- und Schnittsalat, Spinat, Kresse und Wildkräuter reinigt man so, daß immer nur wenige Blätter kurz im stehenden Wasser gewaschen werden; dieses muß wenigstens 3mal erneuert werden; dann läßt man den Salat gut abtropfen.

Alle Wurzelgemüse reinigt man unter fließendem Wasser mit einer eigens dafür bestimmten Bürste: Rettich, Rüben, Sellerie, Möhren, Schwarzwurzeln und Kohlrabi. Danach legt man sie kurz in Zitronenwasser, damit sie ihre schöne Farbe behalten.

Fenchel, Porree und Stangensellerie schneidet man längs durch und läßt das Wasser gründlich in alle Blattschichten eindringen und spült sie ebenfalls unter fließendem Wasser.

Grünkohl, Salat und Pfirsiche, die eine gekräuselte, rauhe bzw. behaarte Oberfläche haben, müssen besonders intensiv gewaschen und geputzt werden, bevor man sie verzehrt. Dies gilt auch für Obst- und Gemüsesorten, die eine besonders große Oberfläche haben, z. B. Beeren.

8. Anbau der Lebensmittel und Schadstoffbelastung

9. Die Ernährung des zöliakiekranken Säuglings

Im Verlaufe dieses Buches weise ich immer wieder darauf hin, daß für die hier dargelegte Ernährungsweise bei der Auswahl der Lebensmittel unbedingt auf eine optimale Schadstofffreiheit geachtet werden muß. Das bezieht sich nicht nur auf Körner und Samen, sondern auch auf Gemüse, Obst und Hülsenfrüchte.

Immer mehr Menschen machen sich Sorgen über die zunehmende Belastung der Nahrung mit Fremdstoffen, die auf die Dauer krankmachend wirken müssen: Schwermetalle aus Industrie- und Autoabgasen, Nitrat aus Mineraldüngern, Rückstände von Pflanzenschutzmitteln, unzählige Zusatzstoffe bei der Lebensmittelverarbeitung.

Die Explosion der Krankheitskosten macht deutlich, daß es mit der Gesundheit der Menschen gerade in den hochentwickelten Ländern rapide und beängstigend bergab geht.

Die Zahl derer, die bereit sind, bisherige Eßgewohnheiten aufgrund neuerworbener Erkenntnisse zu ändern, steigt aber. Dazu gehört das Bemühen, die Lebensmittel nicht auf dem Großmarkt zu kaufen, sondern dort, wo Lebensmittel natürlich angebaut werden.

Immer mehr bäuerliche Betriebe stellen sich auf natürliche Anbauweise um und garantieren diese auch. Es ist nur wichtig, daß man sich nach ihnen umsieht und dann konsequent bei ihnen oder an ihren Verkaufsständen in der Stadt einkauft.

Das Stillen

Es gibt für den Säugling keine bessere Nahrung als die Muttermilch. Die Mutter sollte ihr Kind so lange stillen, wie es möglich ist. Trotz der Schadstoffbelastung der Muttermilch liegen die Vorteile der natürlichen Ernährung für den Säugling klar auf der Hand.

Voraussetzung ist allerdings, daß die Mutter während der Schwangerschaft und Stillzeit eine Lebensweise führt, die so natürlich wie möglich ist, um ein ausreichendes Stillen mit weitestgehend unbelasteter Muttermilch gewährleisten zu können. Eine abwechslungsreiche Vollwertkost, wie in dem vorliegenden Buch beschrieben, ist hierfür die Voraussetzung: viel frisches Obst und Gemüse in Form von Müsle und Salaten, Keimlingen, Sprossen und Vollkornbrot.

Bei den Vollkorn-Getreidearten ist der Hirse der Vorrang zu geben wegen der guten Zusammensetzung der Vitalstoffe, besonders der Spurenelemente.

Der Genuß von Fleisch und Fisch ist zu meiden. Für den Austausch dieser Lebensmittel gegen bessere, bekömmlichere und damit gesündere Lebensmittel, gibt dieses Buch viele Anregungen.

Zufütterung während des Stillens?

Viele Mütter sind ängstlich und befürchten, das Kind nicht ausreichend mit Muttermilch versorgen zu können. Daher ist das Wiegen in den ersten Lebenswochen erforderlich. Das Kind sollte häufig und immer dann angelegt werden, wenn es sich meldet. Das kräftige Saugen regt die Milchbildung an. Das

Kind nimmt sich, was es braucht; es bestimmt so selbst, wieviel es mag. Es sind nicht unbedingt bei jeder Mahlzeit die gleichen Mengen.
Bei einem 4 Wochen alten Kind liegt die Trinkmenge pro Mahlzeit etwa bei 80 bis 120 g.
Für die Mutter gibt es Teearten, welche die Milchbildung anregen, z. B. Brennessel, Kümmel, Anis, Fenchel, Zitronenmelisse oder ein Gemisch dieser Teearten. Besonders die Zitronenmelisse verhilft der stillenden Mutter zu mehr Ruhe und zu einem besseren Schlaf. Auch öfteres Anlegen des Kindes kann die Milchbildung steigern.
Allzu ängstliche Mütter möchten ihrem Kind zusätzlich zur Muttermilch kleine Mengen Eindrittel- oder Halbmilch aus Kuhmilch zugeben. Hiervor muß dringend gewarnt werden, weil diese Art der Zufütterung oft die Grundlage einer späteren Milchallergie bildet. Die Milchunverträglichkeit tritt fast immer dann auf, wenn das Kind abgestillt wird. Die Kuhmilch wird nicht vertragen, das Kind erbricht. Durchfälle stellen sich ein. Wenn darüber hinaus auch das Klebereiweiß im Haferschleim nicht vertragen wird, ist eine totale Umstellung der Ernährung erforderlich. Dabei ist es durchaus möglich, Säuglinge mit einer Nahrung, die auf Sojaprodukten aufbaut, während der ersten Monate ausreichend zu ernähren.

Die diätetische Soja-Therapie:

Bereits 1931 hat Prof. Dr. Mader (Universitätsklinik Frankfurt a. Main, später Städt. Krankenhaus Berlin-Neukölln)

eine Arbeit über die besondere Wirkung von Soja als Heilnahrung bei der Behandlung der Säuglings-Pyurie veröffentlicht.[1]
Danach besteht einer der besonderen Vorzüge der Soja-Diät darin, daß sie schon in den ersten Lebenswochen und über lange Zeit gegeben werden kann. Soja besitzt einen angenehmen Geschmack und wirkt, gemischt mit Reisschleim, regulierend auf die Stuhlbildung. Weitere Vorzüge sind der hohe, den Anwuchsbedarf des Säuglings auch qualitativ deckende Eiweiß- und Mineralgehalt sowie der zum größten Teil bereits als Saccharose präformierte Kohlenhydratanteil.[2]
Der chinesische Wissenschaftler Tso ernährte Säuglinge erfolgreich in der gefährlichen Periode der ersten 2 Monate und darüber hinaus bis zu 9 Monaten mit Sojamilch.[3]
Ossenbach weist auf die Häufigkeit von Nahrungs- und Genußmittelallergien im Säuglings- und Kindesalter hin. Auch er empfiehlt Soja: „Bei Kenntnis der häufigsten Nahrungsmittelallergien, wobei die Kuhmilch an erster Stelle steht, ist Soja bestens geeignet, klinische Besserungen zu erzielen."[4]

Die Zöliakie des Säuglings

Sie kann nur durch den Arzt nach einer sehr intensiven Untersuchung des Kin-

---

[1] R. Mader, Klivo 10, 2347, 1931.
[2] R. Mader, Zeitschrift des Verbandes der Krankenhausärzte Deutschlands, 9, Heft 2, 1933.
[3] Tso, E., A vegetable milk substitute for North China, Jour. Physiol. 90: 542, 1959.
[4] Ossenbach N., Medizin heute, 8, 210, 1959.

des festgestellt werden. Nach der Diagnose „Zöliakie" sollte sich die Mutter keine zu großen Sorgen machen. Das Kind braucht nur eine andere Ernährungsart. Nach dieser kann es sich genausogut entwickeln wie jedes andere Kind. Zu meiden sind die Getreidearten Weizen, Roggen, Hafer, Gerste und alle Nahrungsmittel, in denen diese Getreide vorkommen. An die Stelle der genannten Getreidearten treten Reis, Mais, Buchweizen und Hirse. Besteht gleichzeitig – was häufig vorkommt – auch eine Unverträglichkeit gegen Kuhmilch, tritt an deren Stelle Soja- oder Mandelmilch.

In der Getreidemühle kann aus Reis, Mais, Hirse und Buchweizen Vollwertmehl hergestellt werden. Das Kind erhält, in welcher Verarbeitung auch immer, stets den vollen Nähr- und Vitalstoffwert des ganzen Korns. Das ist der konventionellen Ernährungsweise gegenüber ein großer Vorteil, den man nicht unterschätzen darf. Hat sich ein Kind an diese Ernährungsart gewöhnt, entwickelt es sich meist sehr gut, wird kräftig und gesund. Alle Zutaten sollten aus kontrolliertem, biologischem Anbau stammen. Bei der Zubereitung der Körner sollten diese in der Getreidemühle immer frisch gemahlen, eingeweicht und in den ersten Lebensmonaten aufgekocht und nachgequollen werden.

In den folgenden Rezepten für das zöliakiekranke Kind, das oftmals gleichzeitig an einer Unverträglichkeit von Milcheiweiß und Milchzucker leidet, wird von Sojamilch oder, falls auch diese nicht vertragen wird, von Mandelmilch ausgegangen. Herstellung der Sojamilch siehe Seite 87.

Mandelmilch

Zutaten:

100 g Mandeln,
800 ml Wasser,
30 g Akazienhonig.

Zubereitung:

Das Wasser abkochen und abkühlen lassen. Die Mandeln mit kochendem Wasser übergießen und 5 Minuten stehen lassen, dann die Schalen abziehen und die Mandeln trocknen lassen. Danach in der Mandelmühle sehr fein mahlen (evtl. zweimal mahlen), mit dem Honig vermischen, das warme Wasser langsam hinzugeben und mit dem Schneebesen schlagen. Sollte die Mandelmilch noch nicht fein genug sein, seiht man sie noch durch ein Tuch. Diese Mandelmilch sollte man im Kühlschrank aufbewahren. Die Menge reicht in den ersten 4 Monaten für etwa 4 bis 5 Mahlzeiten.

Mandelmilch aus Mandelmus

Diese Milch ist schneller zubereitet und kann daher für jede Mahlzeit zusammengestellt werden.

Zutaten:

1 Eßl. Mandelmus,
1 Teel. Akazienhonig,
140 g Reisschleim.

Zubereitung:

Mandelmus mit Honig verrühren, Reisschleim

hinzufügen und mit dem Schneebesen gut verschlagen und anwärmen.

Reisschleim

Zutaten:

160 g Naturreis,
1 Liter Wasser,
3–4 Teel. Honig.

Zubereitung:

Den Naturreis in einem Sieb unter kaltem Wasserstrahl kurz überspülen, in kaltem Wasser aufsetzen. Sobald das Wasser kocht, die Hitzezufuhr so weit verringern, daß das Wasser leise sprudelt. Nach weiteren 5 Minuten die Hitzezufuhr auf „köcheln" stellen (Stufe ½ bis 1 auf E-Herd). Insgesamt 35 Minuten Kochdauer. Danach durch ein feines Sieb abgießen und den Schleim mit dem Honig vermengen.

Die vorstehende Menge ergibt etwa 300 g. Je nach Alter des Kindes wird diese Menge mit Mandel- oder Sojamilch zu ⅓-Milch, ½-Milch oder ⅔-Milch gemischt.

TIP: Der Reis, der im Sieb zurückbleibt, kann zu Reisgerichten verwendet werden.

Getreideschleimmischung

Ab der 8. Woche kann man dem Säugling eine Getreideschleimmischung ins Fläschchen geben. Bei diesem Rezept nimmt man 80 g Reis und 80 g Hirse. Zutaten und Zubereitung wie bei Reisschleim. Reis und Hirse lassen sich gut miteinander kochen. Ab dem 4. Monat kann die Getreideschleimmischung zu je einem Drittel aus Reis, Hirse und Buchweizen bestehen. Da alle drei Getreidearten eine ähnliche Quelldauer haben, empfiehlt es sich, die im Rezept Reisschleim angegebene Menge zu dritteln, Reis, Buchweizen und Hirse zu vermischen, unter fließendem Wasser im Sieb gut zu reinigen, dann zu kochen und gut ausquellen zu lassen.

Danach gibt man den Brei durch ein feines Sieb und stellt ihn in den Kühlschrank. Zu der jeweiligen Mahlzeit wird der Körnerschleim mit der entsprechenden Menge Soja- oder Mandelmilch vermischt und erwärmt.

Breie als Beikost für den zöliakiekranken Säugling

Bei einer Ernährung mit Soja- oder Mandelmilch sollte man ab der 8. Woche den Vitaminbedarf durch geeignete Beikost decken. Bei Flaschenkindern ist die letzte Flaschennahrung durch eine Breimahlzeit zu ersetzen. Das Kind entwickelt manchmal schon ab der 6. Woche, sicher ab der 8. Woche, einen größeren Hunger. Bekommt es diese feste Mahlzeit am Abend, schläft es die Nacht ruhiger durch.

Ab dem 4. Monat gilt für Flaschenkinder folgende Regel: Die Mittagsmahlzeit besteht aus Gemüse- oder Obstbrei, am Abend erhalten sie einen Getreidebrei. Bei den übrigen Mahlzeiten gibt es die Flasche oder Muttermilch. Sollte der Säugling zwischenzeitlich Durst verspüren, erhält er eine kleine Teemahlzeit. In dieser Weise kann die Ernährung fortgesetzt werden.

Brustkinder werden im allgemeinen mit sechs Monaten abgestillt.

Schrot und/oder Vollwertmehl aus der Getreidemühle für den Säuglingsbrei

Manche Kinder verweigern im Übergang zur Breikost die etwas grobe Konsistenz von Hirse-, Buchweizen- oder Reisbrei. In diesem Fall empfiehlt es sich, die Körner in der Getreidemühle entweder zu schroten oder sogar zu feinem Mehl zu mahlen. Der aus Schrot oder Mehl hergestellte Brei ist feiner, er „rutscht" besser. Der Säugling wird auf diese Weise behutsam an feste Kost herangeführt.

Je nach Jahreszeit können dem Getreidebrei frische Beeren, ½ Birne oder auch ein geriebener Apfel beigemengt werden. Nur mit Steinobst sollte man zunächst zurückhaltend sein, da es schwerer verdaulich ist und Allergien auslösen kann. Das gleiche gilt für Erdbeeren. Auch Bananen sind nicht sehr zu empfehlen, da sie bei der Ernte noch unreif sind.

Sesammus

Sesammus ist ein reines Naturprodukt. Es enthält sehr viel Calcium und sollte daher in die Säuglingsernährung einbezogen werden. Die Sojamilch enthält zwar alle Nähr- und Vitalstoffe, aber nicht ausreichend Calcium. Dieser Mangel wird voll durch Sesammus ausgeglichen. Wenn der Säugling es gut verträgt, sollte man es schon der Flaschenmilch beimengen, auf jeden Fall aber den Brei damit anreichern. Es genügt jeweils 1 Teelöffel für eine Mahlzeit.

Obst- und Getreidebreie

Obstbrei

(bei Flaschenkindern
ab 8. Woche)

Zutaten:

2 Eßl. Maisgrieß
(aus der Getreidemühle),
100 ml Wasser,
100 ml Soja- oder
Mandelmilch,
½ feingeriebener Apfel,
etwas feingeriebene Möhre,
1 Teel. Honig,
½ Teel. Sesammus.

Zubereitung:

Den Grieß in das kochen-
de Wasser einrühren, auf-
kochen und 15 Minuten
ausquellen lassen. Die er-
wärmte Milch hinzuge-
ben, nochmals kurz quel-
len lassen. Zum Schluß
Honig, Sesammus, Apfel
und Möhre hineingeben.

Sesambrei

(ab 8. Woche)

Zutaten:

125 g Wasser,
125 g Soja- oder
Mandelmilch,
1–2 Teel. Sesammus
(hier kann auch Haselnuß-
mus gegeben werden),
2 Eßl. Naturreis
(in der Getreidemühle
zu Mehl gemahlen),
1 Teel. Honig,
Beeren nach Jahreszeit.

Zubereitung:

Reismehl langsam in das
kochende Wasser einrüh-
ren. Nach und nach die
Sojamilch hinzugeben,
20 Minuten quellen las-
sen, dann Sesammus,
Honig und die pürierten
Beeren hinzugeben.

Hirsebrei

Zutaten:

3 Eßl. Hirse (gemahlen),
100 ml Wasser,
100 ml Soja- oder
Mandelmilch,
1 Eßl. Haselnußmus,
2 Eßl. Himbeeren oder
Brombeeren.

Zubereitung:

Die gemahlene Hirse in
das kochende Wasser ge-
ben und etwa 10 Minuten
kochen lassen, dann nach
und nach die Milch hin-
eingeben, aufkochen und
20 Minuten ausquellen
lassen. Zum Schluß das
Haselnußmus und die
zerquetschten Beeren
hineingeben und durch-
rühren. Sollte es Ihr
Säugling süßer mögen,
rühren Sie etwas Honig
unter.

Buchweizenbrei

(ab 4. Monat)

Zutaten:

50 g Buchweizen (gemahlen),
100 ml Mandel- oder
Sojamilch,
150 ml Wasser,
1 Handvoll zerquetschte
Süßkirschen oder ein
aromatischer Apfel,
½ Teel. Sesammus.

Zubereitung:

Buchweizenmehl in das kochende Wasser geben, aufkochen und quellen lassen. Wenn der Brei einzudicken beginnt, die Milch nach und nach dazugeben, ausquellen lassen, dann das zerkleinerte oder geriebene Obst und das Sesammus dazugeben.

In den Wintermonaten kann auch Trockenobst, welches eingeweicht, einige Minuten gekocht und zerkleinert wurde, zum Brei gegeben werden.
Das Obst sollte aus biologischem Anbau oder aus dem eigenen Garten stammen. Es muß immer gut gewaschen werden. Es wird zerdrückt, gerieben oder gemixt.

Mit säurehaltigen Früchten wie Orangen, Zitronen und Mandarinen sollte man in den ersten Monaten zurückhaltend sein, weil viele Säuglinge davon wund werden.

38

Gemüsebreie

Auch das Gemüse sollte möglichst schadstofffrei sein. Es sollte frisch verwendet werden, da es durch langes Lagern einen erheblichen Teil der Vitalstoffe einbüßt. Es muß gründlich gesäubert, schnell gewaschen und nach dem Zerkleinern sofort zum Garen aufgestellt werden.

Im ersten Lebensjahr empfiehlt sich für das Füttern von Gemüsebrei ein Warmhalteteller. Eine erkaltete Gemüsemahlzeit schmeckt dem Kind nicht mehr! Damit sich der Säugling allmählich an die Gemüsekost gewöhnt, kann man ihm ab der 6. Woche 1 Teelöffel Möhrensaft ins Fläschchen geben.

Hirsebrei mit rote Bete

Zutaten:

3 Eßl. Hirse,
150 ml Wasser,
1 kleine rote Bete,
1 kleine Kartoffel,
1 Teel. Sonnenblumen-
oder Distelöl,
etwas gehackte Petersilie
oder Thymian.

Zubereitung:

Hirse ins kochende Wasser geben, 10 Minuten kochen und 20 Minuten ausquellen lassen. Rote Bete und Kartoffel schälen, klein schneiden, in wenig Wasser etwa 10 Minuten weich dünsten, zerdrükken und mit der Hirse vermischen. Das Öl und die sehr fein gehackten Kräuter hinzufügen.
Wenn das Kind diesen Brei gerne ißt, kann beim nächsten Mal ein kleiner Teil der roten Bete roh hinzugefügt werden.

Möhrenbrei

(Flaschenkinder ab 4./5. Monat, gestillte Kinder ab 5. Monat)

Zutaten:

200 g Möhren,
1 Teel. Sonnenblumen-
oder Distelöl,
etwas Wasser.

Zubereitung:

Möhren schaben und fein raspeln, 1 Eßlöffel davon zurücklassen. Die übrigen Möhren mit wenig Wasser 10 Minuten dünsten. Die rohen Möhren hinzugeben, fein mixen und das Öl unterrühren.

Möhrenbrei mit Kartoffeln

Zutaten:

200 g Möhren,
1 Kartoffel,
1 Teel. Sonnenblumen-
oder Distelöl,
wenig Gemüsebrühe.

Zubereitung:

Möhren schaben und fein raspeln. Die Hälfte der Möhren zurücklassen und abdecken. Die andere Hälfte und die zerkleinerte Kartoffel in etwas Gemüsebrühe 10 Minuten dünsten, die rohen, geriebenen Möhren und das Öl hineingeben, verrühren und durch ein Sieb passieren oder mixen.

Blumenkohl mit Hirse

Zutaten:

3 Eßl. Hirse,
150 ml Wasser,
200 g Blumenkohlröschen,
1 Teel. Sojamehl,
1 Prise Anis, 1 Prise Fenchel
(fein gemahlen),
1 Messerspitze Butter.

Zubereitung:

Hirse kochen und aus-
quellen. Blumenkohl mit
dem Sojamehl in wenig
Wasser 10 Minuten weich-
dünsten, mit der Hirse
vermengen und Gewürze
sowie Butter hinzugeben.

Spinat mit Kartoffeln

Zutaten:

200 g Spinat oder Mangold,
1 kleine Kartoffel,
1 Teel. Sonnenblumenöl,
etwas Kerbel,
etwas Gemüsebrühe.

Zubereitung:

Vom feingehackten Spi-
nat 1 Löffel voll zurückbehalten, den übrigen mit
der zerkleinerten Kartof-
fel und dem Kerbel in et-
was Gemüsebrühe 10 Mi-
nuten lang dünsten. Nach
dem Garen das rohe Ge-
müse hinzufügen und ein-
mal aufkochen lassen, da-
nach das Öl hinzufügen.

Kohlrabi und Pastinak

Zutaten:

½ Kohlrabi,
200 g Pastinak,
etwas Gemüsebrühe,
2 Teel. Buchweizenmehl,
1 Msp. Butter,
je eine Prise feingemahlene
Petersilie und Liebstöckel.

Zubereitung:

Kohlrabi und Pastinak
zerkleinern und in wenig
Gemüsebrühe 10 Minu-
ten dünsten. Buchweizen-
mehl hineinrühren und
aufkochen lassen, Butter
und Kräuter hinzufügen.
Alles evtl. durch ein Sieb
geben.

Tomatenpüree mit Naturreis

(ab 5. – 6. Monat)

Zutaten:

200 g Tomaten,
3 Eßl. Naturreis,
120 g Wasser,
1 Scheibe Tofu,
Thymian, Petersilie,
1 Löffelspitze Butter.

Zubereitung:

Reis im Wasser kochen und ausquellen lassen. Tomaten enthäuten und Kerne entfernen. Tofu mit der Gabel zerdrücken und mit dem Reis vermengen. Tomaten mit dem Thymian in wenig Wasser 5 – 10 Minuten dünsten, danach Tomaten, Tofu, Reis und feingehackte Petersilie sowie Butter sorgfältig miteinander vermischen.

Eintopf

Zutaten:

100 g Karotten (hiervon
1 Eßl. roh zurückbehalten),
1 Scheibe Sellerie,
100 g Spinat (hiervon 1 Eßl.
roh zurückbehalten),
1 kleine Kartoffel,
1 kleine Tomate (die Hälfte
hiervon roh zerdrückt zu-
rückbehalten),
etwas Gemüsebrühe,
1 Teel. Sonnenblumenöl,
1 Teel. Maismehl (fein
gemahlen aus der Getreide-
mühle),
feingehackte Kresse.

Zubereitung:

Das kleingeschnittene Gemüse mit Maismehl bestreuen, mit etwas Gemüsebrühe übergießen und 10 Minuten dünsten lassen, danach Öl, feingehackte Kresse und Rohgemüse dazugeben.

Wir sorgen für Abwechslung im Säuglings-Speiseplan

Man merke sich bei der Obst- und Gemüsezufütterung: von „fein" auf „grob", d. h. von anfänglich durchgesiebten Breien gehe man mehr und mehr zu gröberen über.

Ab der 8. Lebenswoche kann man den Säugling allmählich daran gewöhnen, kleine Mengen mit dem Löffelchen zu essen.

Es ist nahrhafter, einen kleinen, fein zerkleinerten Gemüseanteil dem gegarten Gemüse beizumengen.

Da die Ernährung des Kindes fleischlos ist, versuche man schon beim Abstillen, Soja in verschiedener Form einzubeziehen. Außer Sojamilch kann man Sojamehl, in der Getreidemühle fein gemahlen, zum Binden verwenden. Dieses muß bei der Zubereitung etwa 10 Minuten leicht durchkochen. Auch Tofu, mild im Geschmack und leicht verdaulich, läßt sich dem Obst- und Gemüsebrei beimengen. Er braucht nicht gekocht zu werden. Es genügt, wenn man ihn mit der Gabel zerdrückt. In Verbindung mit Sojagerichten verwende man löffelchenweise reines Sesammus.

Besteht nur eine Unverträglichkeit von Gluten, nicht aber von Milchzucker und Milcheiweiß, können den Speisen auch Milchprodukte wie Quark, Kefir oder Joghurt beigemengt werden. Statt Salz verwende man Kräuter.

Einige praktische Tips: Reis-, Mais-, Hirse- und Buchweizenabkochungen können für einen ganzen Tag zubereitet werden. Man nehme dafür das Fünffache der angegebenen Flaschenmenge. Nach dem Durchsieben fülle man die Menge für eine Mahlzeit in Flaschen ab. Kurz vor der Mahlzeit mische man mit der jeweiligen Milchmenge.

Soja- und Mandelmilch lassen sich für 2 Tage im voraus herstellen.

Wenn die Zähnchen kommen, darf man dem Säugling eine feste Rinde von glutenfreiem Vollwertbrot zum Kauen geben.

Ab dem 8./9. Monat kann feingeriebener Schnittkäse (Gouda) in kleinen Mengen dem Gemüse beigefügt werden.

Wenn die Familie sich vollwertig ernährt, wenn die Speisen nicht zu sehr gesalzen und gewürzt sind, spricht nichts dagegen, daß man das Kind allmählich an der Erwachsenenkost teilnehmen läßt.

Mit einer ausgewogenen Getreide-Gemüse-Obst-Ernährung bekommt der Organismus alles, was er zum Aufbau braucht.

Süßungsmittel

Getreide, die gekocht wurden, schmecken von sich aus angenehm süß. Wenn noch Obst hinzukommt, erübrigt sich meist ein Süßungsmittel.

Wenn es der Säugling trotzdem fordert, verwende man an erster Stelle Honig. Man bevorzuge den Blütenhonig (Akazie), da Waldhonig einen herben Geschmack hat. Kaltgeschleuderter und kalt abgefüllter Honig ist ein natürliches Süßungsmittel, das wertvolle Vitalstoffe enthält.

Allerdings gibt es Säuglinge, die in den ersten Monaten keinen Honig vertragen und mit Durchfall reagieren. In diesem Fall verwende man Sucanat (eingedickter Zuckerrohrsaft), das in Reformhäusern erhältlich ist. Sobald wie möglich gehe man wieder zu Honig über.

Das Flüssigkeitsbedürfnis des Säuglings – Tee

Säuglinge und Kinder brauchen mehr Flüssigkeit als Erwachsene. Der kleine Organismus verfügt nur über kleine Flüssigkeitsreserven. Je mehr feste Kost der Säugling zu sich nimmt, um so größer wird sein Bedürfnis nach zusätzlicher Flüssigkeit. Aber sie muß kalorienarm sein, damit das Kind nicht übergewichtig wird und den Appetit auf die Hauptmahlzeit nicht verliert. Zum Löschen des Durstes ist Tee am geeignetsten. Aber auch bei Unwohlsein sollte man Tee reichen.

Anis-Fenchel-Tee

(gegen Blähungen)

Zutaten:

¼ Liter Wasser,
1 Teel. Tee.

Zubereitung:

3 Minuten milde kochen, abgießen und mit wenig Honig oder Sucanat süßen (gilt für alle Tees).

Kamille-Melissen-Tee

(bei Erbrechen und Bauchschmerzen)

Zutaten:

¼ Liter Wasser,
1 gehäufter Teel. Tee.

Zubereitung:

Mit kochendem Wasser überbrühen und zugedeckt 2 – 3 Minuten ziehen lassen.

Fenchel-Anis-Kümmel-Tee

(bei starken Leibschmerzen und Blähungen)

Zutaten:

Von jeder Teeart 1 gestr.
Teel. auf ¼ Liter kochendes
Wasser.

Zubereitung:

Überbrühen, 2 Minuten ziehen lassen, abseihen.

Lindenblütentee

(bei Fieber)

Zutaten:

¼ *Liter Wasser.*

2 Teel. Tee.

Zubereitung:

Mit kochendem Wasser überbrühen, 2 Minuten ziehen lassen, abseihen.

Holunderblütentee

(bei Erkältungen)

Zutaten:

¼ *Liter Wasser.*

2 Teel. Tee.

Zubereitung:

Mit kochendem Wasser übergießen, 2 Minuten ziehen lassen, abseihen.

Im Sommer sollte man auch Früchtetee verabreichen. Eine gute Mischung ist Früchtetee aus Apfel, Hagebutte und Hibiskus. Beim Früchtetee nehme man 1 Eßl. auf ¼ Liter Wasser.
Man überbrüht den Tee mit kochendem Wasser, läßt ihn 5 Minuten zugedeckt stehen und seiht ihn dann ab. Früchtetees sind meist süß, so daß sich hier ein Süßungsmittel erübrigt.

Bei **Durchfällen** empfehlen sich folgende Rezepte:

Karottensuppe

Zutaten:

500 g frische Karotten,

1 Liter Wasser.

Zubereitung:

Karotten säubern, in Stükke schneiden und im Wasser 1 Stunde kochen, durch ein Haarsieb streichen und wieder bis zu 1 Liter mit abgekochtem Wasser auffüllen.
Kühl aufbewahren und innerhalb von 24 Stunden verbrauchen. Vor dem Einfüllen ins Fläschchen mit dem Schneebesen durchrühren.

Apfelsuppe

Zutaten:

250 g Äpfel (saftige bevor-
zugen wegen des hohen
Pektingehalts),
500 ml Kamillentee.

Zubereitung:

Äpfel waschen, entkernen und ungeschält auf einer Glasreibe reiben, durchpassieren und mit dem warmen Kamillentee gut vermischen.

Reisschleim

Da Reis eine stopfende Wirkung hat und sehr viele Nähr- und Vitalstoffe enthält, kann man, wenn der Durchfall ein wenig nachgelassen hat, aber nur dann, die Flüssigkeit (im Rezept Apfelsuppe) durch Reisschleim ersetzen.

Abschließend sei noch gesagt, daß bei anhaltendem Durchfall selbstverständlich immer der Kinderarzt hinzugezogen werden muß.

Ich habe mich in diesem Abschnitt bemüht, meine praktischen Erfahrungen als Mutter und meine in der klinischen Ausbildung erworbenen Kenntnisse an die Mütter und Leser dieses Buches weiterzugeben.

10. Umstellung auf die Vollwertkost

Als Übergangsdiät zur Ausheilung chronischer und entzündlicher Veränderungen im Magen-Darm-Bereich auch für Zöliakie-/Sprue-Kranke wird die Buchweizen-Reis-Suppe für die Dauer von 3 Tagen bis 3 Wochen eingesetzt. Auch wenn die gesunde Vollwertnahrung trotz konsequent richtiger Zubereitung und trotz Vermeidung gesundheitsabträglicher Nahrungsmittel nicht vertragen wird, es zu Blähungen oder sonstigen Beschwerden im Bauchraum kommt, kann eine Buchweizen-Reis-Suppe zwischengeschaltet werden. Danach wird in den allermeisten Fällen die Vollwertnahrung vertragen.

Die Buchweizen-Reis-Suppe wird dreimal täglich bis zur Sättigung gegessen. In hartnäckigen Fällen sollte diese Suppe etwa drei Wochen lang als Morgensuppe gegessen werden.

Zubereitung: Rezept siehe unter Suppen, S. 119.

Für die ersten drei Tage ist es auf jeden Fall ratsam, nur diese Suppe zu essen. Dann könnte man seinen Tagesplan nach meinen Erfahrungen wie folgt erweitern, denn das hat mir geholfen!

1.-3. TAG

Nur Buchweizen-Reis-Suppe (S. 119)

4. TAG

1. Frühstück:
Buchweizen-Reis-Suppe (S.119)

2. Frühstück:
1 geriebener Apfel und eine zerkleinerte Banane vermischen

Mittagessen:
Möhrensuppe (S. 120)

Nachmittag:
1 Banane mit 1 Teelöffel Sesammus vermischt

Abendessen:
Fencheltee (20 g getrocknete Wurzeln auf 1 Liter Wasser, 15 Minuten kochen, 3 Minuten ziehen lassen),
1 große gekochte Kartoffel und eine Scheibe frischen Tofu zerdrücken und miteinander vermischen. 1 Prise Vollmeersalz dazugeben und mit etwas Sojamilch abrühren,
1 geriebener Apfel.
Vor dem Zubettgehen nochmals 1 Tasse Fencheltee.

5. TAG

1. Frühstück:
Buchweizen-Reis-Suppe (S. 119),
1 Scheibe glutenfreies Knäckebrot mit etwas Sesammus (Rezept Seite 73)

2. Frühstück:
Hirsebrei (Rezept Seite 37) in Wasser gekocht, gut ausgequollen, mit einem geriebenen Apfel und 1 Teelöffel Akazienhonig vermischt, mit etwas Zitronensaft abgeschmeckt. Auch am 5. Tag sollte möglichst zwischendurch immer wieder eine Tasse warmer Tee getrunken

46

werden. Man kann ihn für den ganzen Tag aufgießen und in einer Thermoskanne warmhalten.

Brennesseltee: 25 g getrocknete Stengel und Blätter der Brennessel auf 1 Liter siedendes Wasser, 15 Minuten ziehen lassen, filtrieren und warm trinken.

Mittagessen:

Kartoffelbrei aus Schalenkartoffeln, heiß zerdrückt, 1 Stich Butter oder 1 Teelöffel Distelöl, mit frischer Sojamilch abgerührt, 1 Prise Vollmeersalz.

Frische Karotten, leicht gedünstet, mit einem Teelöffel Kuzu angedickt, nur 1 mal kurz aufkochen lassen, etwas Vollmeersalz und 1 Teelöffel Butter.

Nachtisch: Aus einer großen Tasse frischer Sojamilch, Kuzu und Heidelbeeren einen Nachtisch bereiten, indem man 1 gestrichenen Eßlöffel Kuzu mit 2 Eßlöffeln kaltem Wasser anrührt und in die kochende Sojamilch gibt. Sofort vom Herd nehmen, 1 Teelöffel Akazienhonig hineinrühren und 1 Eßlöffel Heidelbeeren oder Heidelbeeren - Muttersaft (Neuform).

Nachmittag:

1 Scheibe glutenfreies Brot (wählen Sie möglichst eines, das einen großen Anteil an Reismehl, Seite 66, hat),

1 Tasse frische Sojamilch oder 1 Tasse Brennesseltee, den man mit Honig süßen kann.

Brotaufstrich: Haselnußmus, Sesammus oder Tofuaufstrich.

Abendessen:

1 Tasse Brennesseltee mit Honig.

Buchweizenbrei: Buchweizenschrot wird 13 Minuten in Wasser gekocht, mit Sojamilch oder süßer Sahne abgerührt. 2 Eßlöffel (der Jahreszeit entsprechend) frische Früchte zugeben. Hier sollte man keine mit hohem Säuregehalt wählen.

6. TAG

1. Frühstück:

Buchweizen-Reis-Suppe (S. 119),

glutenfreies Brot mit etwas Butter bestrichen und mit Bananenscheiben belegt (zur Suppe essen).

2. Frühstück:

1 Scheibe glutenfreies Brot, mit Butter bestrichen und mit feingehackter Petersilie bestreut,

1 geriebener Apfel mit etwas Zitronensaft und Honig abgerührt,

1 Tasse Tee: 10 g reife, getrocknete Weißdornbeeren (Apotheke) auf 1 Liter siedendes Wasser, 10 Minuten ziehen lassen (hiervon täglich 2 Tassen trinken).

Mittagessen:

Möhrensuppe (S. 120),

Weißkohlsalat: rohen Weißkohl, sehr fein geraspelt, mit 1 Teelöffel Sonnenblumenöl, 1 Teelöffel Kartoffelessig, 1 Prise Kümmel, 1 Teelöffel frischen, gehackten Kräutern vermischen.

Eine Kartoffelspeise nach Wahl (aber keinen Kartoffelsalat) mit einer Tunke (siehe Rezeptteil).

1 Glas Sojamilch mit 1 Scheibe Tofu und frischen Früchten nach Jahreszeit gemixt.

Nachmittag:

1 Tasse Tee und ein Stück glutenfreier Kuchen (siehe Rezeptteil) oder eine

Scheibe glutenfreies Brot
mit Honig.

Abendessen:

Einen Salat nach Wahl
aus den „Frischkost-Re-
zepten",
1 Scheibe glutenfreies
Brot mit Butter bestri-
chen, mit einer Scheibe
Käse und ein paar Toma-
tenscheiben belegt.
1 Apfel, 1 Birne oder sonstige frische Früchte, auch
Kompott aus Trocken-
obst, aber nicht solche mit
einem hohen Säuregehalt.

7. TAG

Nach dem 6. Tag geht
man allmählich zur Voll-
wertkost über, wobei man
zum Frühstück noch die
Buchweizen-Reis-Suppe
beibehalten sollte. Da-
nach geht man zum Müsle
oder zum Körnerbrei
über.
Wichtig ist jedoch, daß
der Frischkostanteil, vor
allem rohe Salate, einen
immer größeren Raum
einnimmt. Dabei sollte
man anfangs noch die
leichtverdaulichen Arten
verwenden.
Sojamilch, Tofu und Se-
sammus sollten wenig-
stens einmal am Tag auf
den Tisch kommen. Ein
stetiger Aufbau des ge-
schwächten Körpers mit
allen Nähr- und Vitalstoffen ist wichtig, damit der
Körper nicht noch mehr
an Substanz verliert.

Anmerkung: Vorstehen-
des sind Erfahrungen,
welche ich selber machte.
Diese Diät muß deswegen
nicht auch für jeden anderen geeignet sein. – Und
selbstverständlich ist es,
daß man immer erst sei-
nen Arzt hinzuzieht.

11. Unverträglichkeiten der Zöliakie-/Sprue-Kranken

Aus dem ärztlichen Vorwort zu diesem Buch von Herrn Dr. med. Kahlert geht deutlich hervor, um welche Erkrankung es sich handelt und welche verheerenden Folgen eine Mißachtung der erforderlichen Ernährungsweise nach sich zieht. Hier sei nochmals zusammengefaßt, welche Lebens- bzw. Nahrungsmittel gemieden werden müssen:

- Die Getreide Weizen, Roggen, Hafer, Gerste und alle Nahrungsmittel, die aus diesen Getreidearten hergestellt sind: Mehl, Flocken, Grieß und Paniermehl.
- Alle Teigwaren hieraus: Nudeln, Spätzle, Strudelteige. Auch Backwaren aus den oben angeführten Mehlen sind verboten: Brot, Kuchen, Kleingebäck.
- Spuren der „verbotenen" Mehle finden wir auch in vielen Fertiggerichten: in Suppen, Tunken, Nachspeisen, Konserven, ja selbst in Malzkaffee und Bier.
- Auch Backpulversorten sind nicht immer frei von Mehl, weshalb dem Weinsteinbackpulver der Vorzug zu geben ist.
- Völlige Zurückhaltung ist auch geboten bei Sojafertigprodukten: Sojasoße, Brühwürstchen, Pasteten, Leberwurst, Mayonnaisen.
- Auch viele Schokoladensorten enthalten Mehl.
- Selbst manche Medikamente haben oftmals, wenn auch geringe, Anteile an Mehl. Bei Verschreibung von Medikamenten muß der Arzt deshalb auf die Zöliakie-/Sprue-Erkrankung hingewiesen werden.

Die Liste der glutenhaltigen Nahrungsmittel und Fertigprodukte, die auf dem Markt sind, ist unübersehbar. Für die Betroffenen, die mit der Liste „Glutenfreie Fertigprodukte" in der Hand in den großen Lebensmittelläden mühsam nach glutenfreien Produkten Ausschau halten, wird dies ein Streß ohne Ende. Der Erfolg lohnt sich nicht: Zeitverlust, Anstrengung, letztendlich hohe Kosten für ein Fertigprodukt, das den Stempel „glutenfrei" trägt.

Außerdem ist dieses Produkt industriell verarbeitet und stellt eine Konserve dar, ohne Frische, ohne die wertvollen, naturgegebenen Nähr- und Vitalstoffe. Darüber hinaus enthält es Zusatzstoffe, z. B. Konservierungsstoffe, die es für lange Zeit haltbar machen.

Ich bin selbst einige Monate lang diesen mühsamen Weg gegangen.

Dann fand ich eine ganz andere, einfache und naturnahe Ernährungsweise, wie sie in dem vorliegenden Buch dargelegt wird.

Dabei kam es mir besonders darauf an, ein vollwertiges Brot herzustellen. Die im Handel erhältlichen glutenfreien Ersatzmehle, die zu einem erheblichen Teil aus Stärke bestehen, riefen immer wieder Blähungen und Durchfall hervor. Diesen Mehlen fehlen die wertvollen Vitalstoffe, die im Ursprungsprodukt Getreide enthalten sind. Der künstliche Zusatz von Vitaminen verbessert m. E. nicht das Brot, das aus diesen Fertigmehlen entsteht. Hinzu kommen chemische Zusätze. Alles in allem, ich war einer weiteren Unverträglichkeit gegen diese Fertigmehle auf der Spur. Alle in diesem Buch niedergeschriebenen Rezepte sind glutenfrei und nicht nur für Sprue- und Zöliakie-Kranke entworfen und vielfach ausprobiert, sondern auch für alle, die sich gesund ernähren wollen, eben „für die ganze Familie".

Es erübrigt sich daher auch aufzulisten, welche Lebensmittel der Kranke denn nun essen darf. Diese sind in jedem Rezept enthalten und darüber hinaus in vielen Artikeln näher beschrieben.

Die Zöliakie ist oft mit einer – meist vorübergehenden – Milchunverträglichkeit (Milcheiweiß und Milchzucker) verbunden. In diesen Fällen muß bei den Rezepten Milch gegen Wasser oder Sojamilch ausgetauscht werden. Auch sorgt Tofu für eine ausreichende Eiweißversorgung. Einen großen Reichtum an Eiweiß haben Hülsenfrüchte und Getreide. Auch Nüsse und Sesam enthalten hochwertiges Eiweiß.

II Rezeptteil

Anmerkungen zur Auswahl der Rezepte

Fast alle Rezepte sind für 4 Personen berechnet. Ich verbinde damit die Absicht, die zeitraubende und kostenaufwendige Zubereitung von Ein-Personen-Mahlzeiten aufzuheben. Der Zöliakie- bzw. Sprue-Kranke soll ohne Sonderbehandlung am Familientisch teilnehmen. Damit ist im Familienrahmen jede Isolation aufgehoben. Eine Ausnahme bildet nur der Säugling.

Nicht in allen Ländern wird ein solch großer Wert auf die Verwendung der uns bekannten und gebräuchlichen Getreidearten gelegt: Weizen, Roggen, Hafer und Gerste, die wegen ihres Glutengehalts von den Zöliakie-Kranken unter allen Umständen gemieden werden müssen. Ich habe daher die Auswahl der Rezepte auch nach Eßgewohnheiten anderer Länder und Bundesländer, in denen ich tätig war, getroffen. Dabei ist mir aufgefallen, daß besonders in vielen Landstrichen Südamerikas sehr viel Mais-, Reis- und Sojamehl verwendet wird. Bei der Zubereitung der Mahlzeiten werden Mais- und Mandiokamehl (Mandioka = tropische Nutzpflanze, die auch zur Stärkegewinnung genutzt wird) als Bindemittel bevorzugt.

Die Begeisterung, Buchweizen zu verwenden, ist mir von Oldenburg her – wo dieses Knöterichgewächs noch um das Jahr 1930 vielfach angebaut wurde – in Erinnerung. Es gilt, die Möglichkeiten auszuschöpfen, die die Natur bereit hält.

Die Rezeptsammlung erhebt keinen Anspruch auf Vollständigkeit.

Gewichte und Maße

kg	=	Kilogramm (1000 g)
Pfd.	=	Pfund (500 g)
g	=	Gramm
Eßl.	=	Eßlöffel
Teel.	=	Teelöffel
Mßl.	=	Meßlöffel
gestr.	=	gestrichen
ml	=	Milliliter
l	=	Liter
Bd.	=	Bund
Msp.	=	Messerspitze

Auflistung der weniger bekannten Lebensmittel, Kräuter und Gewürze

Sanoghurt
ist ein hochwertiges, fettarmes Milchprodukt aus der Milch gesunder Viehbestände. Es hat einen Anteil von über 90% rechtsdrehender Milchsäure und ist deshalb besonders mild und bekömmlich.

Sesammus
(auch Tahin genannt) wird aus reinem Sesam hergestellt. Es enthält viel Eiweiß, Fett und Calcium. Herkunftsländer: Guatemala, Mexiko, Nicaragua.

Sojamilch
wird durch Fermentation aus der gelben Sojabohne gewonnen. Auf Grund des hohen Nähr- und Vitalstoffgehalts ist sie ein voller Ersatz für tierische Milch.

Tofu (Sojaquark)
ist in der Konsistenz dem Milchquark ähnlich. Tofu wird durch Gerinnung der Sojamilch gewonnen. Er ist geschmacksneutral und daher vielseitig zu verwenden. Wegen des hohen Eiweißgehalts für eine gesunde Ernährungsweise sehr zu empfehlen.

Okara
ist die japanische Bezeichnung für die Sojabohnenreste bei der Sojamilchgewinnung. Okara hat noch einen hohen Anteil an Nährstoffen. Okara ist eine schmackhafte und lockernde Zutat für das glutenfreie Vollwertbrot. Es kann auch für Nachspeisen und geröstet im Müsle verwendet werden. Frisches Okara muß rasch verbraucht werden.

Küchenkräuter

Die Verwendung von Küchenkräutern spielt in der Ernährung, nicht nur in der Diätküche, eine große Rolle.
Die Gewürz- und Küchenkräuter haben einen hohen Nähr- und Heilwert. In der Küche unserer Großmütter waren sie sehr wichtig. Man kannte den ganz individuellen und speziellen Wert eines jeden Küchenkrautes.
Allgemein ist zu sagen, daß Suppen, Tunken, Gemüsegerichte, Salate und Kartoffelspeisen, Reis-, Hirse-, Mais- und Buchweizengerichte, Brotaufstriche und Vollwertbrote erst durch die Zugabe frischer Kräuter das gewisse Etwas und die schmackhafte Abrundung erfahren. Hierin liegt das Geheimnis kultivierter Kochkunst. Allerdings erlernt man es erst, wenn man „mit Liebe" kocht und die Feinheiten von Duft, Geschmacksstoffen und ätherischen Ölen in Kräutern und Gewürzen erspüren und richtig anzuwenden lernt. Man kann sagen: „In der Bescheidenheit liegt die Kunst"; „Das richtige Kraut im richtigen Augenblick und in der richtigen Menge".
Küchenkräuter sind reich an Vitaminen, Mineralstoffen, Spurenelementen, ätherischen Ölen, Gerbstoffen und spezifischen Wirkstoffen. Sie regen den Appetit an, machen jedes Gericht schmackhafter, ersetzen weitgehend das Salz in der Nahrung, haben eine gute Einwirkung auf die Organe des Stoffwechsels und machen die Speisen bekömmlicher. Da wir die Küchenkräuter täglich für unsere Speisen verwenden sollten, ergibt sich die Frage, wie man an frische Kü-

chenkräuter kommt. Wer einen eigenen
Garten besitzt, wenn auch nur ein kleines Fleckchen, wird sich seine eigenen
Kräuter ziehen und einen Teil davon für
den Winterbedarf trocknen.

Wer wie ich das Glück hat, in der Nähe
eines Demeter-Hofes zu wohnen, kann
wöchentlich einmal durch den Kräuter-
und Arzneigarten gehen. Das ist immer
ein besonderes Erlebnis. Da stehen in
geordneten Reihen und mit einem
Schildchen versehen, viele duftende
Kräuter. Wer eine gute Nase hat, erfährt
das wundersame Zusammenspiel ver-
schiedenster Düfte.

Eine weitere Möglichkeit, wöchentlich
an frische Kräuter zu kommen, ergibt
sich auf den Wochenmärkten, wo Bäu-
erinnen ihre Kräuterbündelchen anbieten und den Uneingeweihten Hinweise
zum Gebrauch des einzelnen Krautes
geben. Auch Reformhäuser halten oftmals Küchenkräuter für den Verbrauch
bereit.

Wenn ich mich aber frei machen will von
Abhängigkeiten und Küchen- und
Würzkräuter immer bei der Hand haben
möchte und keinen Garten habe, ziehe
ich sie in Töpfen und Blumenkästen
heran. [1]

---

[1] Literaturempfehlung – U. Lindner: Unser Kräutergärtlein

Borretsch
Salate, besonders
Gurkensalat,
Einlegegurken,
Eintopfgerichte,
Sprossen-
und Tofugerichte

Estragon
Kräuteressig,
Salattunken

Zitronenmelisse
frische Salate,
Kräuterbutter,
Kräuterquark,
erfrischende Ge-
tränke. Beim Trock-
nen verliert sie
ihr Aroma

Kerbel
Quarkspeisen,
Tofugerichte,
Suppen, Tunken,
Salate und
Sprossen

Petersilie
besonders vitaminreich
und für alle Speisen
zu verwenden; frische
Petersilie vertreibt
Knoblauchgeruch;
Sprossengerichte

Bohnenkraut
Bohnengerichte,
Bratkartoffeln,
Suppen, Tunken,
Salate

Rosmarin
für Salate, Gemüse-,
Kartoffelgerichte,
Tofugerichte

Waldmeister
ohne sonstige
Gewürze verwenden.
Für Götterspeise,
Waldmeisterbowle

Liebstöckel
für grünen Salat und
Kräutertunken,
Gemüse, Frühlings-,
Erbsen- und
Bohnensuppen

ichtigsten Kräuter

Schnittlauch
zum Bestreuen von
Butterbrot, für
Kartoffelgerichte,
z. B. mit Dickmilch
oder saurem Rahm
vermischt,
für Pellkartoffeln,
für alle Salatarten,
Tofugerichte

Oregano
Pizza, Tomaten-
gerichte, Zucchini,
Paprikagemüse,
Kartoffelsuppe,
Eintopfgerichte

Majoran
Kartoffelgerichte, Salat,
gedünstetes Gemüse

Thymian
kann als zweites
Gewürz beliebig mit
anderen gemischt
werden. Als Tee auf-
gebrüht ein besonders
gutes Mittel gegen
Magenkrämpfe

Gartenkresse
als Brotbelag, für
Salate, Pellkartoffeln,
Kräuterbutter und
Tunken

Dill
für alle Salate,
besonders für
Gurkensalat,
Sprossensalate,
für alle gedämpften
Gemüse, Kartof-
felspeisen,
Sojagerichte

Basilikum
für grüne Bohnen,
Erbsen, Pilze, Gemüse-
suppen, Tomatensoßen
und Kräuterbutter,
Tofuaufstriche

Schalotte
Gerichte der feinen
französischen Küche,
feine Salate,
Kräuterbutter,
Quarkaufstrich

Gewürze

Delifrut
Süßspeisengewürz von Brecht, das sich zusammensetzt aus Zimt, Anis, Koriander, Ingwer, Kardamom, Nelken, Bourbon-Vanille.

Frugola
Gekörnte Brühe mit Hefeextrakt.

Tartex
Rein pflanzliches Produkt, es würzt gut und ist leicht verdaulich. Es enthält Eiweiß, Fett und Stärke. Man verwendet es gern zum Verfeinern von warmen Gerichten.

Gemüsebrühe
läßt sich schnell aus Brühwürfeln oder pulverisierten Extrakten herstellen. Achten Sie darauf, daß nur natürliche Zutaten enthalten sind.

Vitam-R-Paste
Hefe-Extrakt, gibt warmen Gerichten in kleinen Mengen einen würzigen, delikaten Geschmack.

Curry
Mischung aus verschiedenen Gewürzen. Es setzt sich aus mindestens 9 Komponenten zusammen: Curcuma, Kardamom, Ingwer, Koriander, Nelken, Muskat, Kümmel, Pfeffer und Zimt.

Ingwer
Stärkehaltiger Wurzelstock, der in Südchina, Indien und Japan angebaut wird. Er enthält ätherisches Öl. Ingwer dient als Zutat zu Backwaren und Marmeladen.

Nelken
Getrocknete Blütenknospen des Gewürznelkenbaumes, der in feuchtheißen Klimazonen wächst. Kultiviert wird er auf der Insel Sansibar. Nelken enthalten ätherisches Öl und haben einen sehr scharfen Geschmack. Deswegen sollte man sie nur sparsam verwenden. Mit Nelken aromatisiert man Tunken, Suppen, Rotkohl und Glühwein.

Paprika
Auch unter dem Namen „spanischer Pfeffer" bekannt. Er wird aus Schoten gewonnen. Wir beziehen Paprika aus Italien, Spanien oder Frankreich.
Je nachdem, wieviel von den scharfen Bestandteilen der Schoten vermahlen werden, unterscheiden wir die Sorten „Edelsüß", „Halbsüß" und „Rosenpaprika".

Vanille
Sie wird in Madagaskar und Indonesien angebaut. Sie ist ein Orchideengewächs und rankt sich als Schlingpflanze etwa 10 m hoch. Die Kapselfrüchte werden unreif geerntet und fermentiert. Dadurch entwickelt sich das typische Aroma. Man schabt die Vanillekörner aus den Schoten oder verwendet Brecht-Vanille aus dem Reformhaus. Diese reine Vanille eignet sich zum Verfeinern von Gebäck, Süßspeisen und Müsle.

Zimt
ist die älteste Gewürzpflanze der Welt. Es ist die geschälte Rinde von Zweigen des Zimt- oder Kaneelbaumes. Wir beziehen dieses Gewürz hauptsächlich aus Brasilien oder Indien. Zimt wird als

Stangenzimt oder Pulver gehandelt und in der Küche in Backwaren, Glühwein, Nachspeisen und im Müsle verwendet.

Fette

Diasan
ist ein rein pflanzliches ungehärtetes Fett. Durch den hohen Anteil an Leinöl bekommt es leicht einen ranzigen Geschmack, weshalb man es immer im Kühlschrank aufbewahren sollte. Man verwendet es zum Backen und zum Braten in der Pfanne. Auch zum Andünsten von Pilzen, Zwiebeln und Gemüsen ist es geeignet. In den meisten Rezepten kann es durch Butter ersetzt werden, falls nicht eine Fettstoffwechselstörung vorliegt.

Distelöl
hat, kaltgepreßt bzw. aus erster Pressung, einen hohen Gehalt an lebenswichtigen ungesättigten Fettsäuren. Wegen seiner hochwertigen Bestandteile, vor allem an Vitamin E, sollte es in der Küche nie erhitzt werden, sondern nur für Salate Verwendung finden.

Sonnenblumenöl
ist, kaltgeschlagen, dem Distelöl sehr ähnlich in seinem Gehalt an hochungesättigten Fettsäuren und Vitamin E. Auch dieses Öl ist im Geschmack milde und neutral.

Olivenöl
aus erster Pressung wird aus Italien, Spanien und Griechenland eingeführt. Es wird aus den Früchten des Olivenbaumes gewonnen. Da es nur wenig un-gesättigte Fettsäuren enthält, kann es im Gegensatz zu den kaltgepreßten Ölen höher erhitzt werden und eignet sich daher zum Braten und Fritieren.

Kokosfett
wird aus der Kokosnuß gewonnen. Diese hat einen Fettanteil von rund 92%. Die vorhandenen Fettsäuren sind fast ausschließlich gesättigt. Da es aber einen sehr angenehmen Geschmack hat und hoch erhitzt werden kann, findet es in der Küche Verwendung zum Braten und Dünsten.

Bindemittel

Arrowroot
heißt zu deutsch Pfeilwurzelmehl. Es ist das Stärkemehl aus der Wurzel der Pfeilpflanze, die vornehmlich auf der Antilleninsel St. Vinzenz wächst. Sie ist eine tropische Pflanze und wird das ganze Jahr über kultiviert. Da sie im Herkunftsland auch als Heilmittel bei Darmerkrankungen eine Bedeutung hat, ist dieses Bindemittel gerade für die glutenfreie Ernährung sinnvoll. Es eignet sich bei der Herstellung glutenfreier Brote und Gebäcke zum Binden der Vollwertmehle, aber auch zum Binden anderer Speisen wie Suppen, Saucen, Süßspeisen.

Agar-Agar
wird aus acht verschiedenen Rotalgen gewonnen und ist ein Dickungs- und Geliermittel. Es ist in der fleischlosen gesunden Ernährungsweise eine Alternative zur Gelatine, die aus den Häuten, Sehnen und Knochen geschlachteter

Tiere gewonnen wird. Wir verwenden Agar-Agar hauptsächlich zum Binden bzw. Gelieren der Nachspeisen und zum Andicken von Marmeladen.

Kuzu

ist ein stärkereiches Bindemittel aus Japan und findet wie Arrowroot Verwendung beim Backen und Binden in der glutenfreien Küche. Ursprünglich war diese Pflanze in China beheimatet. Heute ist sie mehr in den Bergen Japans anzutreffen. Ich erinnere mich, daß die Teezeremonie meiner japanischen Freunde immer mit einem Kuzugericht eingeleitet wurde.

In Japan werden alle Pflanzenteile des Kuzu für die Ernährung genutzt: Blätter, Schößlinge, Blüten und Samen. Die Kuzuwurzel kann eine Länge von 2 m und einen Durchmesser von 30 – 40 cm erreichen. Sie ist wie eine wilde Weinart, die sich an Bäumen hochrankt und diese mit ihrer Kraft niederreißen kann. Der Saft der Wurzel ist reich an Stärke und Spurenelementen. Die Stärke wird auf sehr mühsame Weise gewonnen, was sich auch im Preis bemerkbar macht. Für die Japaner ist die Heilkraft des Kuzu, z. B. bei akuten Darmerkrankungen, noch größer als beim Arrowroot: Ersteres kommt aus der Natur, das andere wird gezüchtet.

Biobin oder Johannisbrotkernmehl

ist ein pflanzliches Bindemittel, welches aus den Früchten des Johannisbrotbaums gewonnen wird. Das süße Fruchtfleisch wird zu Carob vermahlen, und die Kerne dienen als Bindemittel. Es enthält keine Kohlenhydrate und ist streng natriumarm. Es wird in sehr kleinen Mengen als Bindemittel beim Backen und bei der Zubereitung von Süßspeisen verwendet.

Nigari

ist ein Produkt aus Japan. Es ist ein Bittersalz, welches aus unraffiniertem Meersalz gewonnen wird. Nach altem Brauch wird das Meersalz in Säcken aus Reisstroh in der Sonne aufgehängt. Die bei dem Trocknungsprozeß aus dem Sack tropfende Flüssigkeit wird in Salzbooten aufgefangen und ergibt, nachdem sie getrocknet ist, reines Nigari. Nigari ist ein Fällungsmittel für die Tofuherstellung, es gibt dem Tofu einen feineren Geschmack als Zitronensaft. Außerdem enthält Nigari noch einen beträchtlichen Teil an Magnesium und Spurenelementen aus dem Meer.

Vollmeersalz

Vollmeersalz wird aus dem Meerwasser gewonnen und ist reich an Mineralstoffen und Spurenelementen.

Beim Einkauf muß beachtet werden, daß reines Vollmeersalz und Salz mit beigemischtem Vollmeersalz nicht das gleiche sind. Echtes Vollmeersalz ist eher grau als weiß und klumpt leicht. Obgleich das Vollmeersalz dem Kochsalz gegenüber einen großen Vorzug genießt, sollte man dennoch bei der Speisenzubereitung, wo immer es geht, auch auf Vollmeersalz verzichten oder es nur in kleinen Mengen verwenden.

Senf

Bei der Verwendung von Senf ist darauf zu achten, daß er nur natürliche Zutaten enthält, d. h. keine isolierten Stoffe wie Zucker, keine Zusatzstoffe.

Trockenfrüchte

Man nennt sie auch Backobst oder Dörrobst. Viele Jahrhunderte hindurch hatte man keine andere Möglichkeit, den Erntereichtum für den Winter haltbar zu machen als durch Trocknen. Heute verfeinern die würzigen Trockenpflaumen, Feigen, Aprikosen, Datteln, Birnen, Apfelringe, Rosinen und Korinthen Gebäcke, Gemüse, Nachtischspeisen. Wir finden sie im Brei und im Frühstücksmüsle. Wir müssen aber bedenken, daß Trockenobst kein Ersatz für frisches Obst ist, denn der Dörrprozeß entzieht den Früchten nicht nur Wasser, sondern gleichzeitig auch einen Teil der Vitalstoffe. Zurück bleibt ein hochkonzentriertes und daher ein besonders kalorienreiches Produkt, allerdings mit vielen Ballaststoffen, die die Verdauung regulieren. Außerdem sind im Trockenobst noch sortentypische Mineralstoffe, besonders Kalium, ein Teil der ursprünglichen Vitamine und unterschiedlich viel Fruchtzucker enthalten. Das macht das Trockenobst besonders geeignet als Zuckerersatz; es ist eine gute Alternative zum Industriezucker.

Beim Einkauf ist darauf zu achten, daß die Trockenfrüchte ungeschwefelt sind. Die Schwefelung ist nicht notwendig, um die Früchte haltbar zu machen, sondern wird nur durchgeführt, damit die Früchte nicht dunkel werden.

Einkaufsmöglichkeiten

Schnitzer GmbH & Co. KG
Feldbergstraße 11
D-78112 St. Georgen (Schwarzwald)
Vollwertgetreide aus biologischem
Anbau:
Mais, Buchweizen, Hirse, Leinsamen
Samen zum Ankeimen:
Mungobohnen, Kichererbsen, Linsen,
Senfsaat, Kresse, Alfalfa, Rettichsamen
Schnitzer Vollwertlebensmittel:
Kürbiskerne, Sonnenblumenkerne, Sonnenblumenöl, Distelöl

Steingetreidemühlen, Steingetreidemühlen an Küchenmaschinen, Keimgeräte

Reformhäuser

Hier erhält man Milch und gesäuerte
Milchprodukte, auch Sanoghurt, Delifrut, Frugola, Tartex, Vitam-R-Paste,
Gemüsebrühe, Gewürze, Diasan, Kokosfett, Olivenöl, Vollmeersalz, Agar-Agar,
Carob, Kartoffelessig, Biobin, Sucanat,
Endoferm.

Naturkostläden

Hier erhalten Sie aus kontrolliert biologischem Anbau: Hülsenfrüchte, auch
Sojabohnen, frisches Obst und Gemüse,
Milch und Milchprodukte, ungeschwefelte Trockenfrüchte, Kräuter und Gewürze, Honig, Vollreis, Sesam-, Nuß-
und Mandelmus, Sojamilch und Tofu,
Agar-Agar, Kuzu und Arrowroot,
Weinsteinbackpulver, frische Hefe.

Bauern,

die nach der biologisch-dynamischen
bzw. der organisch-biologischen Wirtschaftsweise arbeiten, gibt es heute fast
überall im ländlichen Raum sowie in der
Nähe größerer und kleinerer Städte.
Man muß sich nach ihnen umsehen.
Entweder verkaufen sie „frei Hof" oder
liefern an Naturkostläden; oft haben sie
auch einen Stand auf dem Wochenmarkt. Hier heißt es: „Augen auf" und
sich orientieren. Da Gemüse, Obst und
frische Kräuter ohne Zwischenwege direkt an den Käufer gelangen und garantiert biologisch einwandfrei sind, lohnt
es sich, diese Lebensmittel dort einzukaufen. Meist sind auch Eier von freilaufenden Hühnern zu bekommen.

Händleranschriften:

Spar-Gar-Box:
Josef Schulte-Ufer KG
Hauptstraße 56,
Postfach 1429
D-59846 Sundern (Sauerland)
Telefon 02933/3051-3054

Tofu-Set
Natur ins Haus
Obermarkt 33,
D-82515 Wolfratshausen
Telefon 08171/17423

Getreidemühle mit Mahlsteinen
Steingetreidemühlen an
Küchenmaschinen
Bioset-Keimgerät
Schnitzer GmbH & Co. KG
Feldbergstraße 11
D-78112 St. Georgen im Schwarzwald
Telefon 07724/8802-0

60

Backen mit glutenfreien Vollwertmehlen

Der Nähr- und Vitalstoffgehalt unserer selbstgemahlenen Vollwertmehle bleibt uns nur begrenzte Zeit erhalten. Sobald Sauerstoff hinzutritt, ergeben sich Verluste an Nähr-, Vital- und Aromastoffen. Deswegen müssen die Vollwertmehle umgehend weiterverarbeitet werden. Aus Gründen der Haltbarkeit sollte etwa alle 5 Tage ein neues Brot gebacken werden.

Zur Aufbewahrung gibt man das Brot nach dem vollständigen Auskühlen in ein Jutesäckchen oder in einen Leinenbeutel, den man am besten in der Speisekammer aufhängt. Auch sind Brotbehälter aus Holz oder Steingut zweckmäßig. Völlig ungeeignet sind dagegen Behälter aus Kunststoff.

Nach meiner Erfahrung bringt das Bakken mit selbstgemahlenen Mehlen einen erheblichen arbeitstechnischen Vorteil mit sich:

Solange ich mit den industriell hergestellten „Fertigmehlen" arbeitete, hatte die Brotknetmaschine sich mühsam durch einen „Haufen" pulverähnlicher Mehle zu arbeiten. Diesen zähklebrigen Teig danach in die Form zu bekommen, war für mich Anfängerin recht schwierig. Die Reinigung des Arbeitsmaterials hatte ebenso ihre Tücken.

Wie ganz anders, leicht und unproblematisch ist das Arbeiten mit den selbstgemahlenen Vollwertmehlen:

Diese werden mühelos gemahlen, schnell von der Knetmaschine verarbeitet, und die Reinigung der Arbeitsgeräte ist geradezu ein Kinderspiel!

Da zum Backen mit Vollwertmehl eine gewisse Geschicklichkeit gehört, die man sich im Laufe der Zeit erwirbt, ist eine gute Beobachtungsgabe und Selbstkritik vonnöten.

Um möglichst bald fehlerfreie Brote herstellen zu können, habe ich mir auf folgende Weise geholfen: Ein DIN-A4-Heft (pro Seite 1 Rezept) legte ich neben die Getreidemühle. Jedes Brotrezept, und später auch die Kuchenrezepte, wurden, mit Datum versehen, in dieses Heft eingetragen. Nach dem Backen und dem ersten Anschneiden erfolgte dann das Wichtigste, die Beurteilung. Meine Erfahrungen, die Fehler, die ich machte, und die Korrekturen habe ich in einer Liste zusammengestellt.

Ein wenig Backtheorie

Die Zubereitung des Hefeteiges soll in der warmen Küche bei geschlossenem Fenster vor sich gehen. Zutaten und Backschüsseln sollen die gleiche Temperatur haben. Beim Backen mit glutenfreiem Vollwertmehl wird als Ersatz für das Klebereiweiß der anderen Getreidearten ein Bindemittel benötigt. In Frage kommen:

Kartoffeln

Gekocht und erkaltet sind sie auf Grund ihres hohen Stärkegehalts ein vortreffliches Bindemittel für das glutenfreie Brot. Da wir sie immer zur Hand haben, kann man fast jedes Brot damit „binden". Kartoffelbrote sind nicht lange lagerfähig und müssen binnen kurzer Zeit verzehrt werden.
Schon eine Menge von 2 – 3 Kartoffeln (je kg Brot) kann für das Zusammenhalten des Brotteiges ausreichen. (Beispiel Kartoffelbrot S. 69)

Arrowroot

Wie aus den Rezepten ersichtlich ist, habe ich dieses Bindemittel vielen Broten zugesetzt. Ich habe beim Backen die Erfahrung gemacht, daß diese Brote eine besonders gute Schnittfläche haben. Bei einem Brot von insgesamt 1000 – 1200 g genügen 40 g Arrowroot. Es wird mit etwas kaltem Wasser angerührt und zum Teig gegeben.

Kuzu

Zum Brotbacken nehme man 30 – 40 g auf 1 kg Mehl. Mit etwas kaltem Wasser anrühren und in den Brotteig geben.

Biobin oder Johannisbrotkernmehl

ist ebenfalls ein pflanzliches Bindemittel, welches nur in winzigen Mengen verwendet wird. Man rechnet 2 g bzw. 2 Meßlöffel Biobin auf 1 kg Mehl. Es kann direkt mit dem Mehl vermischt werden.

Als Triebmittel für alle Brote und Gebäcke verwenden wir frische Hefe, die in handwarmem Wasser aufgelöst wird, und/oder Weinsteinbackpulver, welches im Gegensatz zum üblichen Backpulver glutenfrei ist. Die Zutaten dieses Triebmittels sind: Säuerungsmittel (Weinstein), Backtriebmittel (Natron) und Maisstärke. Ich habe es immer dann eingesetzt, wenn zum Teig schwergewichtige Zutaten mitverwendet werden: Nüsse, Sonnenblumenkerne, Rosinen oder Getreidebreie. Außer der Hefe werden dem Mehl dann etwa 2 Teelöffel Weinsteinbackpulver zugesetzt. Man hat auf diese Weise eine bessere Garantie dafür, daß der Teig gut aufgeht und gut durchbäckt. Der Teig darf nicht zu fest und nicht zu dünn sein, man muß das Wasser-Zutaten-Verhältnis prüfen.

Zum Gehen den Teig in den auf 50°C vorgeheizten, offen stehenden Backofen schieben. Vorher den Teig einkerben. Zum Gehen brauchen fast alle Brote etwa 30 – 45 Minuten.

Alle Brote sind Kastenbrote!

Wenn der Teig gut gegangen ist, schaltet man den Backofen auf 220°C.

Man backt auf der zweituntersten Schiene bei nach oben gekehrtem Rost.

Feuchtigkeitsverhältnis im Backofen: Besitzt der Teig viel Feuchtigkeit, z. B. wenn viele feuchte Zutaten verarbeitet werden (Tofu, Quark, Hülsenfrucht- oder Körnerbreie, Kartoffeln usw.), wird kein Wasser in den Backofen gestellt.

Jedoch bei trockenen Brotteigen (Reis-, Mais-, Hirse-, Buchweizenmehlen ohne feuchte Zugaben) stellt man ein feuerfestes Schüsselchen mit heißem Wasser mit in den Backofen.

Damit das Brot an der Oberfläche nicht reißt, empfiehlt es sich, in jedem Falle den aufgegangenen Teig kurz mit Wasser oder Öl einzupinseln.

In den ersten 30 Minuten nicht die Backofentür öffnen, da der Teig sonst zusammenfallen könnte.

Wenn der Teig die richtige Beschaffenheit hatte, die richtige Backzeit gewählt wurde, fällt das Brot von selbst aus der Form auf den bereitgestellten Kuchendraht.

Sollte dies jedoch bei den ersten Broten nicht der Fall sein, empfiehlt sich ein Lösen des Brotes am Rand der Form. Man soll das Brot nicht mit Gewalt aus der Form lösen wollen, sondern man läßt die Brotform mit dem Brot umgestürzt auf dem Draht und legt ein nasses Tuch auf die gesamte Fläche. Das Brot löst sich dann sehr bald und fällt auf den Draht.

Das Brot gut ausdünsten lassen, bevor man es anschneidet. Hat man den Eindruck, daß ein Brot nicht ganz durchgebacken ist, gibt man es in die Form zurück, stellt es nochmals in den noch heißen Ofen, jetzt aber eine Stufe höher, und backt 10 – 15 Minuten nach. Garprobe: Die Unterseite des gebackenen Brotes mit den Fingerknöcheln abklopfen. Klingt es hohl, ist das Brot sicher gar!

Auf der nächsten Seite finden Sie eine Auflistung von Fehlern, die beim Backen des Vollkornbrotes gemacht werden können (beim Experimentieren von neuen Vollwertmehl-Zusammenstellungen).

Brotfehler	Ursache	Abhilfe
Brot krümelt	– Teig ist zu fest – Mehlmischung stimmt nicht	– mehr Flüssigkeit zugeben – evtl. weniger Reismehl, mehr Sojamehl, da Soja bindet evtl. außer Hefe 2 gestrichene Teelöffel Weinsteinbackpulver zugeben – mehr Bindemittel
Brot hat Risse an der Oberfläche	– Teig ist ausgetrocknet – Teig zu fest	– Teig vor dem Gehen abdecken; Teig mit Wasser oder Öl überstreichen, beim Gehen Backofentür geöffnet halten beim Backen Wasser in den Ofen stellen – mehr Flüssigkeit zugeben
Brot fällt in der Mitte etwas ein	– Teig zu weich – Hefe war nicht frisch	– mehr Mais-, Reisoder Buchweizenmehl
Brot hat einen Speckrand und klebt	– Mehl-Hefe-Verhältnis stimmt nicht – nicht lange genug geknetet – Bindemittel vergessen – zu kurze Backzeit	– mehr Hefe verwenden – länger kneten – Backzeit verlängern

Begriffserklärungen zur Backtheorie

Sehr oft finden sich in Koch- und Back-büchern nur die Angaben „schwache" oder „starke" Hitze, und es fehlen die entsprechenden Wärmestufen bei Gasherden. Nachstehend eine kleine Übersicht über richtige Temperaturen (in Klammern Gasstufen).

Unter „schwach" sind Temperaturen zwischen 100 und 150°C gemeint (1), „mittlere Hitze" entspricht 180–200°C (2–3),

„gute Mittelhitze" versteht sich als 200–225°C (3–4)

und „starke Hitze" meint Temperaturen um 250°C (4).

Eine allgemeine Regel besagt, daß flache Kuchen (Blechkuchen) mehr Hitze, aber kürzere Zeit benötigen, hohe Kuchen hingegen geringere Hitze, aber längere Backdauer:

flache Kuchen und Kleingebäck 225°C = 10–20 Minuten,

mittelhohe Kuchen 200°C = 30 bis 40 Minuten,

hohe Kuchen (Gugelhupf usw.) 175°C = 50–70 Minuten.

TIP: Hefeteig für Kuchen, der nicht aufgehen will, wird ausgerollt, gleichmäßig mit etwas Weinsteinbackpulver bestreut und nochmals gut durchgeknetet. Dann kann er gleich gebacken werden.

Hefegebäck soll nie in der Form erkalten, da es dabei erheblich an Geschmack verliert.

Mungobohnenbrot

Zutaten:

200 g Mais,
200 g Reis,
100 g Buchweizen,
100 g Mungobohnen,
50 g gelbe Sojabohnen,
100 g Hirse,
100 g Okara (ersatzweise
auch fettarmer Quark),
1 Teel. Honig,
1 Teel. Vollmeersalz,
40 g Arrowroot,
1 Würfel frische Hefe,
2 Teel. Weinsteinbackpulver,
200 ml Wasser,
200 ml Sojamilch,
(die Flüssigkeitszugabe muß
immer individuell bemessen
werden).

Zubereitung:

In der angegebenen Reihenfolge alle Körner und Bohnen auf der Getreidemühle fein mahlen, dadurch entsteht dann in der Mühlenschüssel ein Mehlgemisch, welches man mit Vollmeersalz und Weinsteinbackpulver gut vermischt.

Von der gesamten Flüssigkeitsmenge (Wasser-Sojamilch) oder nur vom Wasser nimmt man 3 Eßlöffel ab zum Anrühren von Arrowroot.

Die übrige Flüssigkeit stellt man auf die Heizplatte, erwärmt sie handwarm und löst darin die frische Hefe auf. Das Mehlgemisch gibt man in die Knetschüssel, fügt Honig, die Hefe-Flüssigkeit und das angerührte Arrowroot hinzu und läßt etwa 10 Minuten kneten. Dann geben wir Okara oder Quark hinzu und lassen das Ganze nochmals gut durchkneten.

In der Zwischenzeit fetten wir die Kastenform ein und stellen den Backofen auf 50°C.

Der fertige Teig wird in die Form gefüllt, mit der angefeuchteten Hand glatt gestrichen und eingekerbt.

Auf der zweituntersten Schiene läßt man den Teig etwa 30–40 Minuten gehen, danach wird der Teig ohne Druck mit Wasser, Öl oder Sojamilch eingepinselt und wieder eingeschoben. Wir geben ein feuerfestes Schälchen mit heißem Wasser mit in den Ofen und stellen diesen auf 220°C ein.

Das Brot backt etwa 40 Minuten, anschließend lassen wir es noch weitere 5 Minuten im ausgeschalteten Ofen.

In den ersten 30 Minuten darf die Backofentür nicht geöffnet werden, damit der Teig nicht zusammenfällt!

Wird das Brot an der Oberfläche zu braun, decken wir es mit Pergamentpapier ab und schalten evtl. auf 200°C.

Wenn die Backzeit vorüber ist, nimmt man das Brot aus dem Backofen, stürzt es auf den Kuchendraht und macht den Klopftest.

Man muß das Brot gut ausdampfen lassen, bevor man es anschneidet.

TIP: Das Einfetten der Backform ist einfach durchzuführen, indem man die Hand mit einer Brotpapiertüte umhüllt (wie einen Handschuh). So kann man Flächen und Ritzen der Formen sparsam ausfetten und die Tüte dann fortwerfen.

Rosinenbrot

Zutaten:

125 g Mais,
50 g Buchweizen,
50 g Reis,
50 g Sojabohnen,
60 g Hirse,
80 g Rosinen,
30 g frische Hefe,
2 Teel. Weinsteinbackpulver,
1 Eßl. Honig,
1 Teel. Vollmeersalz,
2 Eßl. Wasser
zum Anrühren von
20 g Arrowroot,
200 ml Sojamilch oder
Wasser.

Zubereitung:

Den Mais zweimal durch die Getreidemühle mahlen, Stufe „fein".

Die anderen Körner auf „fein" mahlen und in der Mehlschüssel der Getreidemühle zusammenfallen lassen. Einen kleinen Teil zur Seite stellen. Das Weinsteinbackpulver gut mit dem Mehl vermischen. Arrowroot mit Wasser anrühren.

Die gewaschenen, in einem sauberen Tuch abgetrockneten Rosinen in dem Mehlrest wälzen.

Die Mehlmischung in die Knetschüssel geben, das Arrowroot hinzugeben, ebenfalls Vollmeersalz und Honig.

Die Sojamilch erwärmen, die Hefe einbröckeln und auflösen. Dann gibt man die Milch zum Mehl und läßt den Teig etwa 10 Minuten kneten.

Ist dieser zu fest, gibt man etwas warmes Wasser nach; ist er zu flüssig, gibt man etwas Maismehl dazu.

Dann fügt man die Rosinen hinzu und läßt nochmals gut durchkneten.

Hat der Teig die richtige Beschaffenheit, gibt man ihn in die ausgefettete Kastenform, kerbt ihn ein und läßt ihn auf der zweituntersten Schiene bei 50°C und geöffneter Backofentür etwa 30–40 Minuten gehen; danach mit „leichter Hand", d. h. ohne Druck, mit Sojamilch einpinseln und den Backofen auf 220°C einstellen. Ein feuerfestes Schüsselchen mit heißem Wasser hineinstellen.

In den ersten 20 Minuten nicht die Backofentür öffnen. Der Teig fällt sonst! Sollte die Oberfläche zu braun werden, mit Pergamentpapier abdecken, evtl. auch die Backtemperatur etwas niedriger stellen.

Wenn das Brot sich ringsum an den Formrändern leicht abhebt, ist es meist gut durchgebacken.

Wir schalten den Ofen ab, nehmen das Brot heraus und stürzen es auf den bereitgestellten Kuchendraht. Es muß auch von unten eine appetitlich braune Farbe haben. Klopfen Sie auf die Unterseite, es muß hohl klingen!

Anschneiden dürfen wir das Rosinenbrot erst, wenn es ganz ausgekühlt ist, am besten erst am nächsten Tag.

Darf ich Ihnen meine Eintragung ins Beobachtungsbuch, nachdem ich dieses Brot erstmals gebacken hatte, verraten?

„Das Brot ist gut aufgegangen, ist locker und hat von oben und unten eine schöne mittelbraune Farbe. Es duftet appetitlich. Nach völligem Auskühlen

Brotrezepte

läßt es sich sehr gut schneiden, ist im Anschnitt locker und porös, Rosinen sind gut im Brot verteilt.
Der Geschmack ist durch Honig und Rosinen angenehm süß. Auch am 3. Tag ist es in sich fest und bröckelt nicht.
Bestrichen mit Nuß- oder Sesammus schmeckt es köstlich."

TIP: Wenn man Rosinen für Brot- oder Kuchenteige verwendet, sollte man sie immer erst in Mehl wälzen und dann zum Teig geben. Man verhindert damit, daß die Rosinen auf den Grund der Form sinken.

Linsenbrot

Zutaten:

250 g Mais,
125 g Buchweizen,
50 g Reis,
50 g Hirse,
100 g gelbe Sojabohnen,
80 g Linsen,
60 g Sonnenblumenkerne,
3 Teel. Weinsteinbackpulver,
40 g frische Hefe,
1 Teel. Honig,
2 gestr. Teel. Vollmeersalz,
3 Eßl. Wasser
zum Anrühren von
40 g Arrowroot,
etwa 400 ml Wasser.

Zubereitung:

Körner und Hülsenfrüchte fein mahlen. Von den Sonnenblumenkernen 40 g in der Nußmühle mahlen und zum Mehlgemisch geben. Auch Salz und Backpulver hinzugeben, alles gut miteinander vermischen und in die Knetschüssel geben.
Das Wasser erwärmen und die frische Hefe darin auflösen. Das Arrowroot anrühren und mit der aufgelösten Hefe und dem Honig zum Mehl in die Knetschüssel geben und 10 Minuten kneten, bis der Teig die rechte Beschaffenheit annimmt. Dann füllt man ihn in die vorbereitete Form, streicht ihn flach, pinselt ihn mit Butter oder Olivenöl ein und bestreut ihn mit den restlichen Sonnenblumenkernen. Man läßt den Teig an einem warmen Ort etwa 50 Minuten gehen und backt ihn mit eingestelltem Wassergefäß etwa 50 Minuten bei 200°C. Nach dem Herausnehmen bepinselt man das Brot leicht mit Wasser und stürzt es auf den Kuchendraht.

Anmerkung:
Das Linsenbrot springt während des Backens gern an der Oberfläche auf; daher das Einpinseln mit Fett vor dem Einschieben nicht vergessen. Es darf nicht bei zu hoher

Temperatur gebacken werden (200°C), dafür etwas länger. Nach dem Backen, vor dem Stürzen, sollte man es nochmals mit warmem Wasser überstreichen.

Verwendet man Hülsenfrüchte und Getreide für den Brotteig, ist es immer ratsam, das Brot erst am nächsten Tag anzuschneiden, wenn es sich „gesetzt" hat. Es schmeckt pikanter und ist bekömmlicher.

TIP: Um die Nachwärme im Backofen auszunutzen, altes Brot zerkleinern, auf ein Blech legen und auf der zweitobersten Schiene des Backofens rösten. Wir können es nachher mit der Teigrolle zerkleinern und erhalten so glutenfreie Brösel.

Kartoffelbrot

Zutaten:

100 g Mais,
80 g Reis,
80 g Buchweizen,
240 g gekochte, durchpassierte Kartoffeln
(am besten vom Vortag),
1 Ei,
1 Teel. Honig,
1 Teel. Vollmeersalz,
1 gestr. Teel. Kümmel,
40 g frische Hefe,
1 Teel. Weinsteinbackpulver,
180 – 200 ml Wasser.

Zubereitung:

Mais, Reis, Buchweizen fein mahlen, mit Salz, Kümmel und Backpulver gut vermischen. Kartoffeln, Honig und Ei hinzufügen.

Das Wasser erwärmen, die Hefe darin auflösen und zu den übrigen Zutaten in die Knetschüssel geben. Man läßt etwa 10 – 15 Minuten kneten und beobachtet, ob evtl. noch etwas warmes Wasser hinzugefügt werden muß.

Den Teig in die ausgefettete Form geben, glatt streichen, einkerben und bei 50°C und geöffneter Backofentür 30 – 40 Minuten gehen lassen. Bei Backtemperatur von 220°C etwa 30 – 40 Minuten backen, danach stürzen und auskühlen lassen.

Anmerkung:

Wenn man wenigstens 3 Kartoffeln verwendet, braucht kein Bindemittel hinzugefügt zu werden, weil Kartoffeln durch den hohen Stärkegehalt den Teig binden.

Die Flüssigkeitsmenge für den Teig variiert, weil Mehle und Kartoffeln unterschiedliche Feuchtigkeitsgrade haben können. Da zu bestimmten Tageszeiten auch die Stromzufuhr variiert (abends ist meist mehr Strom vorhanden), muß dies beim Schalten des Backofens berücksichtigt werden.

Meine Eintragung ins Beobachtungsbuch:

„Das Kartoffelbrot ist besonders gut in der Form, es hat eine sehr schöne Farbe, ist locker und schnittfest und bröckelt

nicht. Es ist sehr aromatisch. Auch nach 3 Tagen ist es noch gut im Schnitt und sehr schmackhaft. Da es viel Feuchtigkeit hat, muß man es ausdampfen lassen. Zu empfehlen ist, es erst am nächsten Tag anzuschneiden. Man sollte es innerhalb von 3 – 4 Tagen verwerten. Ausgezeichnet schmeckt das Kartoffelbrot mit Kräuterquark oder Tofuquark.
Eine weitere Verwendungsmöglichkeit:
Vier nicht zu dünne Schnitten in heißem Olivenöl braun braten und mit einem Rohkostsalat als Abendessen servieren."

Erdnußbrot

mit Erdnußmus und Sonnenblumenkernen

Zutaten:

125 g Mais,
50 g Buchweizen,
50 g Reis,
50 g Sojabohnen,
50 g Hirse,
3 Teel. Weinsteinbackpulver,
1 Teel. Honig,
1 Teel. Vollmeersalz,
30 – 40 g frische Hefe,
1 gehäufter Teel.
Erdnußmus,
30 g Sonnenblumenkerne,
200 ml Wasser, davon
3 Eßl. zum Anrühren von
20 g Arrowroot.

Zubereitung:

Teigzubereitung, Schalten des Backofens und Behandlung des Brotes nach dem Backen wie bei dem Rezept Mungobohnenbrot, Seite 66.
Die Sonnenblumenkerne gibt man feingemahlen in den Teig oder man bestreut den Teig damit, bevor man ihn gehen läßt.

TIP: Um die Teigbindung zu erhöhen, muß der Teig in der Form vor dem Einschieben in den Backofen immer gut glattgestrichen werden. Am besten geschieht das mit der angefeuchteten Handfläche.
Danach kann man ihn mit flüssiger Butter, Soja- oder Sauermilch bestreichen.

Quarkbrot

Zutaten:

150 g Mais,
120 g Reis,
80 g Buchweizen,
40 g Sojabohnen, fein
gemahlen,
40 g Sojabohnen, grob
gemahlen,
1 Teel. Vollmeersalz,
1 Teel. Kümmel,
1 Ei,
1 Teel. Honig,
180 g Quark oder weicher
Tofu,
1 Eßl. Sesammus,
1 Würfel frische Hefe,
150–180 ml Wasser, davon
2 Eßl. zum Anrühren von
30 g Kuzu.

Zubereitung:

Körner und Bohnen fein mahlen, bzw. 40 g Sojabohnen grob mahlen, mit Salz und Kümmel gut vermengen. Das Mehl in die Knetschüssel geben. Honig, Ei und Sesammus zum Mehl geben. Das Wasser erwärmen, Hefe hineinbröckeln und gut auflösen, Kuzu anrühren, alles in die Teigschüssel geben, vermengen und gut durchkneten. Nach etwa 5 Minuten den Quark bzw. den Tofu hin-

zugeben und nochmals 5 Minuten gut durchkneten.
Wenn der Teig die richtige Beschaffenheit hat, diesen in die eingefettete Form füllen, mit angefeuchteter Handfläche glattstreichen, einkerben und bei 50°C im Backofen gehen lassen. Mit Distelöl einpinseln und 30–40 Minuten bei 220°C backen, die letzten 5 Minuten bei ausgeschaltetem Ofen nachbacken. Dann aus dem Backofen nehmen und auf den Kuchendraht stürzen, gut ausdampfen lassen.

Anmerkung:

Das Quarkbrot ist sehr feucht; deswegen muß man es besonders gut ausdampfen lassen, bevor man es anschneidet. Wie beim Kartoffelbrot empfiehlt es sich, es erst am nächsten Tag anzuschneiden. Es muß kühl gelagert und möglichst binnen 4 Tagen verbraucht werden.
Quark enthält viel Feuchtigkeit, Tofu ist trockener. Danach muß man die zum Teig gegebene Wassermenge ausrichten.
Auch das Quarkbrot ist eine Bereicherung für den

Abendtisch, wenn man die nicht zu dünnen Schnitten kurz in heißem Öl braun brät, sie mit einer Scheibe Goudakäse und ein paar Tomatenscheiben oder Kressesprossen belegt und Salat dazu reicht.

Auch bei diesem Brot möchte ich Ihnen die Eintragung in mein Beobachtungsbuch mitteilen:
„Das Brot hat eine schöne mittelbraune Färbung und ist sehr gleichmäßig und gut durchgebacken. Am nächsten Tag erst wurde es angeschnitten, wobei ich feststellen konnte, daß es eine sehr gute Bindung hat, es also schnittfest ist. Es ist außerordentlich schmackhaft. Wir haben auf den Quarkbrotschnitten mehrere Tofu-Brotaufstriche ausprobiert und damit viele Geschmacksvarianten gefunden.“

Brotrezepte

Party-Brot

Zutaten:

100 g Kichererbsen-keimlinge,
100 g Mungobohnen-keimlinge,
1 Sträußchen frische Kräuter (Dill, Lavendel, Estragon),
120 g Mais,
120 g Reis,
100 g Buchweizen,
60 g Sojabohnen,
40 g Sojabohnen, grob gemahlen,
40 g Hirse,
2 Teel. Weinsteinbackpulver,
1 Eßl. geschroteter Leinsamen,
1 Teel. Vollmeersalz,
1 Ei,
1 Teel. Honig,
1 Würfel frische Hefe,
80 ml frische Sahne oder Sojamilch,
130–140 ml Wasser,
40 g Arrowroot oder Kuzu.

Zubereitung:

Keimlinge und Kräuter durch den Wolf drehen. Körner und Bohnen fein mahlen bzw. 40 g Sojabohnen grob schroten. Backpulver zufügen, alles gut miteinander vermischen, dann in die Knetschüssel geben. Hinzu kommen die Keimlinge, Kräuter, Ei, Salz, Honig und Leinsamen. Vom Wasser werden 3 Eßlöffel abgenommen und das Bindemittel damit angerührt. Dann gibt man dieses und die Sahne oder Sojamilch in die Knetschüssel. Das übrige Wasser wird erwärmt und die Hefe darin aufgelöst. Die aufgelöste Hefe mit den übrigen Zutaten mischen und etwa 10 Minuten kneten. Die weitere Zubereitung wie bei dem Rezept Quarkbrot, Seite 71. Bei einer Party reichen wir zum Brot verschiedene pikante Tofu-Brotaufstriche, Tomatenscheiben, Gurkenscheiben und Kressesprossen.

Leinsamenbrot

Zutaten:

400 g Mais,
60 g Buchweizen,
100 g Reis,
100 g Hirse,
140 g Sojabohnen,
50 g geschroteter Leinsamen,
1 Eßl. Hefeflocken,
1 Eßl. Sesammus,
50 g Mungobohnensprossen,
50 g Kichererbsensprossen,
40 g Arrowroot,
1 gestr. Teel. Vollmeersalz,
1 Teel. Honig,
1 Würfel frische Hefe,
2 Teel. Weinsteinbackpulver,
250–300 ml Wasser.

Zubereitung:

Körner und Bohnen fein mahlen und mit Backpulver, Leinsamen, Hefeflocken und Salz gut vermengen. Mungobohnen- und Kichererbsensprossen durch den Wolf drehen. Mehl und Sprossen in die Knetschüssel geben. Hinzu kommen Sesammus und Honig.

Von der gesamten Wassermenge 3 Eßlöffel abnehmen, Arrowroot anrühren und dieses in die Knetschüssel geben. Die übrige Wassermenge erwärmen, Hefe darin auflösen und diese Flüssigkeit zu den übrigen Zutaten in die Knetschüssel geben. Etwa 10 Minuten gut kneten und die Eigenschaft des Teiges beobachten. Manchmal muß man noch etwas Flüssigkeit hinzugeben, manchmal noch etwas Mehl. Hat der Teig die richtige Beschaffenheit, füllt man ihn in die Form. Alles weitere wie bei dem Rezept Quarkbrot, Seite 71.

Knäckebrot

zum längeren Aufbewahren, für den Gästeabend oder für die Reise

Zutaten:

150 g Mais,
40 g Reis,
40 g Hirse,
100 g Buchweizen,
40 g Sojabohnen,
½ Teel. Vollmeersalz,
1 Ei,
60 g Butter,
1 Teel. Honig,
150 g Joghurt,
30 – 40 g Frischhefe,
etwa 100 ml Wasser, hiervon
2 Eßl. zum Anrühren von
20 g Arrowroot,
3 Teel. Sesam zum Bestreuen.

Zubereitung:

Die Körner und Sojabohnen fein mahlen und mit dem Vollmeersalz vermischen, das Mehl in die Knetschüssel geben. Hinzu kommen Ei, Butter, Honig und Joghurt. Im handwarmen Wasser wird die Hefe aufgelöst und diese mit dem verrührten Arrowroot zu den anderen Zutaten in die Knetschüssel gegeben. Alles gut durchkneten. Der Teig darf nicht zu dünn sein. Ein Blech mit Butter oder Öl einpinseln und den Teig darauf gleichmäßig verteilen. Den vorderen Blechrand freihalten. Es ist wichtig, daß der Teig sorgfältig glatt gestrichen wird. Er darf nur 2 – 3 mm dick sein. Um die für Knäckebrot typische Musterung zu erhalten, sticht man die Teigplatte mit einer Gabel ein. Dann schiebt man das Blech auf die Mittelschiene des vorgeheizten Ofens und backt etwa 20 Minuten bei 200 – 220° C. Wenn das Knäckebrot eine schöne braune Farbe bekommt, nimmt man es heraus, schneidet es gleichmäßig in 28 – 30 Stücke und läßt es auf dem Draht auskühlen.

Am nächsten Tag kann man es in eine Gebäckdose füllen. Man läßt die Dose noch einen Tag ohne Deckel stehen, damit auch die Restfeuchte verfliegt, dann erst schließen wir den Behälter.

Dieses Knäckebrot läßt sich ohne weiteres 2 – 3 Wochen an trockener, kühler Stelle aufbewahren.

Brotrezepte

Brötchen

Zutaten:

90 g Mais,
25 g Buchweizen,
20 g Sojabohnen,
1 Löffelspitze Weinsteinbackpulver,
1 Prise Vollmeersalz,
1 Teel. Honig,
100 g frischer Magerquark
oder weicher Tofu,
½ Würfel frische Hefe,
etwa 100 ml Wasser, hiervon
2 Eßl. zum Anrühren von
1 Teel. Kuzu,
etwas Wasser oder Sojamilch
oder Sahne zum Bestreichen.

Zubereitung:

Mais, Buchweizen, Soja-
bohnen fein mahlen.
Salz und Backpulver zu-
geben, vermischen und in
die Knetschüssel geben.
Kuzu wird mit 2 Eßlöffel
Wasser angerührt, das an-
dere Wasser wird er-
wärmt, die Hefe darin aufgelöst. Beides sowie
Quark bzw. Tofu und
Honig zu den übrigen Zu-
taten in die Knetschüssel
geben. Alles etwa 10 Mi-
nuten durchkneten. Der
Teig muß fest genug sein,
evtl. gibt man noch etwas
Maismehl nach. Wenn der
Teig die richtige Beschaffenheit hat, gibt man et-
was Maismehl auf den
Tisch und legt den Teig
darauf. Man knetet ihn
mit den Händen gut
durch, teilt ihn in 5 gleich
große Teile und formt dar-
aus Brötchen. Man formt
die Brötchen in der Hand-
höhle mit kreisrunden Be-
wegungen, bis die richtige
Form erreicht ist. Dann
legt man sie auf ein gefettetes Blech und hält dabei
einen Abstand ein, damit
sie nicht aneinanderbak-
ken.
Man bestreicht sie mit
Wasser, Sojamilch oder
Sahne und läßt sie im
Backofen auf der Mittel-
schiene, mit umgekehr-
tem Rost, aufgehen. Da-
nach schaltet man den
Backofen auf 200°C und
läßt die Brötchen etwa
25 Minuten backen. Sie
müssen eine schöne Form
und eine mittelbraune
Farbe bekommen. Auch
die Unterseite muß eine
gute Bräune haben; dann
nimmt man sie vom Blech
und läßt sie auskühlen.

Soja-Flachbrot

Zutaten:

150 g Sojabohnen,
150 g Buchweizen,
½ Teel. Meersalz,
½ Eßl. mildes Paprika-
pulver,
½ Meßl. Biobin,
5 Eßl. Distel- oder Sonnenblumenöl,
60 g Emmentaler Käse,
kohlensäurehaltiges
Mineralwasser.

Zubereitung:

Sojabohnen und Buch-
weizen fein mahlen. Mit
Salz und Paprikapulver
vermischen und so viel
Mineralwasser hinzuge-
ben, daß ein fester Brei
entsteht. Biobin, Öl und
den feingeriebenen Käse
zufügen und alles gut
miteinander vermischen.
Das Backblech mit Öl
bestreichen, den Teig da-
rauf geben und gleich-
mäßig glatt streichen. Im
vorgeheizten Ofen bei
180–200°C auf der zweit-
obersten Schiene etwa
20 Minuten backen.
Wenn das Flachbrot eine
goldbraune Farbe hat,
nimmt man es aus dem
Ofen, schneidet es in kleine Rechtecke und läßt

diese auf dem Kuchendraht auskühlen.

Das Flachbrot läßt sich lange aufbewahren. Man kann es aber auch warm servieren. Mit einem frischen Salat, Sojasprossen und einem Fruchtdessert ergibt es eine vollständige Mahlzeit.

Biskuit-Tortenboden

Zutaten:

100 g Mais,
100 g Buchweizen,
2 Teel. Weinsteinbackpulver,
Saft einer halben Zitrone,
3 Eier,
3 Eßl. Honig.

Für den Belag:
600 g Pflaumen oder 1 kg
Beeren (süße, reife Früchte),
8 g Agar-Agar.

Zubereitung:

Mais und Buchweizen fein mahlen und mit dem Weinsteinbackpulver gut vermischen.

Die Früchte auf kleiner Stufe zum Saftziehen erwärmen.

Die Eier schaumig schlagen und den Honig hinzufügen, noch eine Weile weiterschlagen. Die Masse muß cremeartig sein.

Den Zitronensaft langsam hinzufügen und danach mit dem Schneebesen das Mehlgemisch vorsichtig unterheben, nicht rühren, da sonst die Masse in sich zusammenfällt.

Den Backofen auf 200° C vorheizen. Eine Springform mit Öl oder Butter gut ausstreichen, den Teig einfüllen, glattstreichen und auf die Mittelschiene (nach oben gekehrter Rost) stellen. 35 – 40 Minuten backen.

In den ersten 15 Minuten nicht in den Backofen schauen, der Teig fällt sonst zusammen.

Sollte die Hitze zu groß sein, Kuchen mit Pergamentpapier abdecken.

Garprobe: Mit einem Hölzchen oder mit der Gabel in die Mitte des gebackenen Teiges stechen. Bleibt kein Teig kleben, ist das Gebäck gar.

Danach läßt man den Boden kurze Zeit abgedeckt stehen, dann löst man den Rand, stürzt den Boden auf einen Kuchendraht und läßt ihn auskühlen.

Da dieser Biskuit-Tortenboden sehr hoch wird, schneidet man ihn in der Mitte durch.

Wenn die Früchte bzw. die Beeren genügend Saft gezogen haben, nimmt man sie aus dem Topf und bindet den Saft mit 8 g Agar-Agar.

Man legt die Hälfte der Früchte auf den unteren Boden und gießt den angedickten Saft zur Hälfte darauf, deckt den oberen Boden darauf und belegt diesen mit der anderen Hälfte der Früchte, die man mit dem restlichen Saft übergießt, evtl. etwas glattstreichen.

Wenn keine Milchunverträglichkeit besteht, schmeckt diese Torte sehr gut mit Schlagsahne.

TIP: Da Biskuit-Tortenböden, wenn sie frisch angeschnitten werden, leicht aufreißen, ist es angebracht, diesen Boden am Vortag zu backen. Er läßt sich dann besser weiterverarbeiten und, wenn die Torte fertig ist, anschneiden.

Tortenboden aus Rührteig

Zutaten:

100 g Butter,
2 Eier,
100 g Buchweizen,
120 g Mais,
60 g Sojabohnen,
2 Teel. Arrowroot oder Kuzu,
2 Eßl. Wasser,
Saft einer halben Zitrone,
2 Teel. Weinsteinbackpulver,
3 Eßl. Honig.

Für den Belag:
600 g Obst (es soll möglichst reif und süß sein),
8 g Agar-Agar.

Zubereitung:

Bindemittel mit 2 Eßl. Wasser anrühren.
Butter schaumig rühren, Eier und Honig hinzugeben und weiterrühren. Getreide und Sojabohnen fein mahlen. Das Mehlgemisch mit dem angerührten Bindemittel und dem Backpulver vermengen und mit dem Zitronensaft nach und nach in die Rührschüssel geben, gut durcharbeiten. Den Teig in die mit Butter ausgestrichene Form geben und glattstreichen.

Den Backofen auf 220° C vorheizen, die Form auf die Mittelschiene mit umgekehrtem Rost stellen und 35–40 Minuten bakken.

Garprobe und weitere Verarbeitung des Obstes siehe „Biskuit-Tortenboden", Seite 75.

Pizza

Zutaten:

Für den Teig:
200 g Butter,
4 Eier,
200 g Buchweizen,
200 g Mais,
120 g Sojabohnen,
20 g Arrowroot oder Kuzu,
4 Eßl. Wasser,
1 P. Weinsteinbackpulver.

Für den Belag:
6 mittelgroße Tomaten,
600 g Brokkoli,
100 g frische Champignons,
500 g mittelalter Gouda,
2 Eßl. kaltgepreßtes Öl.

Zubereitung des Teiges:

Butter schaumig rühren und nach und nach die Eier hinzufügen, weiterrühren. Getreide und Sojabohnen fein mahlen. Bindemittel mit Wasser anrühren. Mit Mehl und Backpulver gut vermischen und zum Butter-Eier-Gemisch rühren.
Das Blech mit Öl bestreichen, den Teig auf dem Blech verteilen und glatt streichen.
Den Backofen auf 220°C vorheizen. Das Blech auf die Mittelschiene (umgekehrter Rost) schieben und den Teig 10 Minuten vorbacken.

Zubereitung der Gemüse für den Belag:

Tomaten waschen, trocknen, die Stielansätze keilförmig herausschneiden und Tomaten in gleichmäßige Scheiben schneiden. Brokkoli und Pilze waschen, den Brokkoli in Röschen zerteilen, die Pilze in Scheiben schneiden. Beides in wenig Wasser etwa 5 Minuten dünsten, dann abtropfen lassen.
Die Tomatenscheiben, Brokkoli und Pilze auf dem vorgebackenen Pizzaboden verteilen und 20 Minuten bei 220°C weiterbacken. Danach streut man den geriebenen Gouda darüber und schiebt nochmals 5 – 10 Minuten in den heißen Ofen.
Nach dem Backen schneidet man 8 – 10 Stücke.

Anmerkung:
Für diese Pizza kann man immer wieder andere Gemüsevariationen finden, etwa: Paprikaschoten, Zwiebeln, Mungobohnensprossen, Kresse, Zucchini, Kichererbsensprossen, die verschiedensten Kräuter, auch Sauerkraut. Der Fantasie sind hier keine Grenzen gesetzt.
Es ist notwendig, den Boden 10 Minuten vorzubacken, weil das glutenfreie Vollkornmehl etwas schwerer ist als das übliche und durch das Vorbacken das Garwerden der Gemüse besser gewährleistet ist.

77

Gebäcke

Biskuitroulade

Zutaten:

3 Eier,
2 Eßl. Honig,
50 g Mais,
3 g Biobin,
250 g Beeren der Jahreszeit
entsprechend,
¼ l Schlagsahne.

Zubereitung:

Eier und Honig mit einem elektrischen Rührgerät dickcremig rühren. Mais fein mahlen, mit Biobin mischen und unter die Creme ziehen. Ein halbes Blech mit Alu-Folie auslegen, einfetten, Teig gleichmäßig darauf verteilen und backen. Backzeit 12 – 13 Minuten. Backtemperatur 175° C. Sofort auf Küchenpapier stürzen, Alu-Folie abziehen und von der Schmalseite her aufrollen. Nach dem Auskühlen Biskuit wieder zurückrollen, mit Früchten und der Hälfte der Schlagsahne bestreichen und wieder zusammenrollen. Den Rest der Sahne auf die Roulade streichen. Roulade in 8 Stücke teilen.

Kartoffel-Zitronen-Biskuit

Zutaten:

1 kg mehlig kochende
Kartoffeln,
4 Eier,
Saft und Schale ½ Zitrone
(unbehandelt),
6 Eßl. Honig,
30 g Butter.

Zubereitung:

Kartoffeln dämpfen oder kochen, schälen und durch Kartoffelpresse drücken. Eier trennen, Zitrone abreiben und Saft auspressen. Eigelb, Zitrone und Honig zur Kartoffelmasse geben und danach den steifgeschlagenen Eischnee unterheben. Kleine Förmchen mit Butter auspinseln und die Kartoffelmasse einfüllen. Einen kleinen Rand lassen. Man backt sie 20 Minuten bei 180° C im vorgeheizten Ofen, auf der Mittelschiene. Die Biskuits müssen Farbe bekommen. Verwendung: Diese kleinen Biskuits sehen niedlich aus. Man kann sie zum Nachmittagskaffee mit frischem Obst servieren. In Verbindung mit frischen, saftigen Beeren sind sie ein willkommener Nachtisch, oder man stellt sie als kleine Überraschung mit auf den Frühstückstisch.

Kartoffelkuchen

Zutaten:

2 Eier,
5 Eßl. Honig,
150 g gekochte Kartoffeln,
50 g Haselnüsse, gerieben,
50 g Mais, fein gemahlen,
3 Teel. Weinsteinbackpulver
1 Prise Vollmeersalz,
2 Eßl. Wasser,
4 g Biobin.

Zubereitung:

Eigelb und Honig mit einem elektrischen Rührgerät schaumig rühren. Kartoffeln fein reiben, dazugeben und 5 Minuten rühren. Nüsse, Mais-Vollwertmehl, Biobin, Backpulver und Salz mischen und abwechselnd mit dem Wasser unter die Masse rühren.
Eiweiß steif schlagen und nach und nach unter den Teig ziehen.
In einer gefetteten Springform (20 oder 22 cm Durchmesser) backen.
Backzeit: 50 Minuten.
Backtemperatur: 180° C.

Nuß-Möhren-Torte

Zutaten:

100 g Honig,
5 große Eier,
1 Eßl. Kirschwasser,
250 g Möhren,
250 g Haselnüsse,
2 Teel. Weinsteinbackpulver,
1 vollsaftige Zitrone,
2 vollsaftige Orangen,
¼ l frische Sahne (wenn keine Milchunverträglichkeit besteht),
Haselnüsse oder 1 Möhre zum Verzieren.

Zubereitung:

Mit einem Rührgerät den Honig mit dem Eigelb auf Stufe 2 schaumig rühren. Kirschwasser zugeben und weiterrühren. Auf Stufe 1 die feingeriebenen Möhren abwechselnd mit der Hälfte der feingemahlenen Haselnüsse, die man mit Backpulver vermischt, langsam beigeben. (Sind die Nüsse zu grob, bröckelt der Kuchen.) Mit einem Löffel den sehr steifen Eischnee und den Rest der Nüsse unterziehen. Die Masse in die mit Butter gefettete Springform, 24 cm Durchmesser, füllen und in den kalten Ofen schieben. Bei 180° C 40 Minuten backen.
Inzwischen die Zitrone und die Orangen auspressen. Den Kuchen nach dem Backen etwas abkühlen lassen. Mit einer dikken Nadel oder einem Holzstäbchen viele tiefe Löcher einstechen und den Saft langsam aufgießen, wenn nötig, den Saft vorher durch ein kleines Sieb gießen. Die Torte auf eine hübsche Platte setzen, die Oberfläche und den Rand mit Schlagsahne bestreichen. Mit ganzen Haselnüssen oder frisch geriebener Möhre verzieren.

Etwas Besonderes:
Statt Haselnüssen feingeschnittene Pistazien zum Verzieren nehmen.

Veränderung:
Zur Abwechslung kann auch der Saft weggelassen werden.
Die Torte schmeckt auch ohne Sahne recht gut.

Gebäcke

Linzer Torte

Zutaten:

125 g Butter,
100 g Honig,
1 Ei,
1 Eßl. Zimt,
1 Msp. Nelken,
Schale von ½ Zitrone
(ungespritzt),
2 Eßl. Kirschwasser,
125 g geriebene Haselnüsse,
4–5 Eßl. Sojamilch,
100 g Himbeermarmelade
(selbst zubereitet mit Honig),
1 Ei zum Bestreichen.

Mehlmischung:
150 g Mais,
100 g Buchweizen,
50 g Sojabohnen,
30 g Carob,
1 Teel. Weinsteinbackpulver.

Zubereitung:

Getreide und Sojabohnen fein mahlen. Aus Honig, Butter und Ei eine Schaummasse rühren. Die Gewürze, das Kirschwasser und die Haselnüsse zugeben. Zum Schluß die Mehlmischung mit Carob und Backpulver unterkneten. Evtl. Sojamilch zufügen.
Den Teig ca. 30 Minuten in den Kühlschrank stellen. Anschließend eine gefettete Springform mit ⅔ des Teiges auslegen und mit Himbeermarmelade bestreichen. Aus dem restlichen Teig Streifen ausschneiden, ein Gitter auflegen und mit Ei bepinseln.
Bei 200°C (Stufe 3) ca. 30–40 Minuten backen.
Ergibt 12 Stück.

Kuchen aus frischen Möhren

Zutaten:

4 Eigelb,
1 Eßl. Soja-Vollwertmehl,
6 Eßl. Honig,
250 g Möhren,
100 g Nüsse, gerieben,
45 g Mais,
½ Päck. Weinsteinback-
pulver,
3 g Biobin,
4 Eiweiß.

Zubereitung:

Eigelb und Honig mit einem elektrischen Rührgerät schaumig schlagen.
Möhren fein raffeln und mit geriebenen Nüssen vermischen. Dem Eigelb zufügen.
Mais fein mahlen, mit Backpulver und Sojamehl mischen und unter die Masse rühren.
Eiweiß mit Biobin steifschlagen und nach und nach unter den Teig ziehen. In einer gefetteten Springform (26 cm Durchmesser) backen.
Backzeit: 60 Minuten.
Backtemperatur: 190°C.

Mandel-Eier-Gebäck

Zutaten:

2 Eier,
80 g Mandeln, gerieben,
50 g Honig,
30 g Butter,
2 g Biobin.

Zubereitung:

Eier hart kochen, fein hakken und mit den übrigen Zutaten zu einem Teig kneten.
Mit zwei Kaffeelöffeln 15 kleine Häufchen auf ein gefettetes Blech setzen und im vorgeheizten Rohr backen.
Backzeit: 30 Minuten, Mittelschiene, umgekehrter Rost.
Backtemperatur: 180°C.

Buchweizentorte mit Blaubeeren

Zutaten:

5 Eier,
3 Eßl. Honig,
1 Prise Delifrut,
etwa 3 Eßl. heißes Wasser,
170 g Buchweizen,
50 g Arrowroot.

Für die Füllung:
500 g Waldbeeren,
½ l süße Sahne,
50 g gehackte Nüsse.

Zubereitung:

Eigelb mit dem heißen Wasser, dem Honig und Delifrut schaumig schlagen.
Arrowroot mit 3 Eßlöffeln Wasser anrühren und in die Rührschüssel geben. Buchweizen fein mahlen, gründlich einrühren.
Den steifgeschlagenen Eischnee unter den Teig heben. Die Kuchenform gut einfetten, den Teig einfüllen und glatt streichen.
Backofen auf 200°C vorheizen, die Torte auf der Mittelschiene etwa 30 Minuten backen.

Garprobe: mit Holzstäbchen oder Stricknadel. Den Kuchen aus der Form stürzen. Wenn er erkaltet ist, mit einem scharfen Messer oder einem Bindfaden in der Mitte durchschneiden:
Mit dem Messer markiert man die Stelle, an der durchgeschnitten werden soll. In diese Markierung legt man einen langen Zwirnfaden ein, überkreuzt diesen vorn und zieht die Fäden zusammen.
Die obere Lage hebt man ab und legt sie beiseite.

Zubereitung der Füllung:

Die Waldbeeren werden kurz und schnell in einem Sieb gewaschen. Man läßt sie gut abtropfen. Die Sahne steif schlagen.
Die Hälfte der Waldbeeren auf die untere Teigplatte verteilen und die Hälfte der Sahne darauffüllen. Die obere Platte

auflegen und die 2. Hälfte Beeren darauf verteilen. Die restliche Sahne zum gleichmäßigen Überstreichen der Torte verwenden. Die Torte mit 50 g gehackten Nüssen verzieren.

Anmerkung:

Sollte eine Milchunverträglichkeit bestehen, ist es ratsam, eine Obstart zu verwenden, die viel Saft enthält, z. B. Erdbeeren, Himbeeren oder Brombeeren. Die Früchte erwärmt man auf kleiner Heizstufe und bindet den Saft mit 8 g Agar-Agar. Man gibt die Hälfte der Früchte auf die untere, die andere Hälfte auf die obere Lage und übergießt mit dem Saft.

Mandel-Möhren-Torte

Zutaten:

4 Eigelb,

7–8 Eßl. Honig,

2 Eßl. Soja-Vollwertmehl,

2 Eßl. Zitronensaft,

Schale einer unbehandelten Zitrone,

1 Teel. Zimt,

250 g gemahlene Mandeln,

250 g geriebene Möhren,

80 g Mais/Reis,

40 g Arrowroot oder Kuzu in 3 Eßl. Wasser angerührt,

1 Eßl. Mais, grob gemahlen,

3 Teel. Weinsteinbackpulver,

4 Eiweiß,

1 Prise Vollmeersalz.

Zubereitung:

Eigelb mit Honig, Zitronensaft, Zitronenschale und Zimt schaumig schlagen. Gemahlene Mandeln und fein geriebene Möhren nacheinander dazugeben. Getreide fein mahlen, mit Backpulver und Sojamehl mischen und mit Kuzu hinzufügen. Eiweiß mit einer Prise Salz steif schlagen und unterheben. Eine Springform von 26 cm Durchmesser einfetten, mit 1 Eßlöffel Maisgrieß ausstreuen und den Teig einfüllen. Im vorgeheizten Backofen bei 175 – 200°C ca. 50 – 60 Minuten backen.

Kaffee-Makronen

Zutaten:

2 g Biobin,
3 Eßl. Honig,
1 Eiweiß,
60 g Haselnüsse, gerieben,
60 g Mandeln, gerieben,
1 Teel. milden löslichen
Kaffee,
1 Eßl. Rum.

Zubereitung:

Biobin und Honig mischen und unter das steifgeschlagene Eiweiß rühren. Nüsse, Mandeln und Kaffee miteinander vermengen und unter den Eischnee ziehen. Zuletzt den Rum zugeben. Mit zwei Kaffeelöffeln ca. 14 kleine Häufchen auf ein gefettetes Blech setzen. Backzeit: 20 Minuten. Backtemperatur: 175°C, Mittelschiene.

Haselnuß-Kekse zum Ausstechen

Zutaten:

50 g Mais,
50 g Hirse,
100 g Reis,
100 g Buchweizen,
20 g Kuzu,
120 g Haselnüsse (gerieben),
100 g Butter,
80 g Honig,
2 Eßl. Sojamilch oder
Sahne,
½ Teel. Anis,
½ Teel. Fenchel.

Zubereitung:

Getreide fein mahlen, in einer Schüssel vermengen, Kuzu oder Arrowroot mit 2 Eßlöffeln Wasser anrühren und zum Mehl geben. Die weiche Butter und den Honig in die Mehlmitte geben, ebenfalls die Sojamilch oder die Sahne, die Haselnüsse und die gemahlenen Gewürze. Erst mit einem Löffel von der Mitte her alles vermischen, dann zu einem glatten Teig verarbeiten und kneten, 30 Minuten in den Kühlschrank legen.

Glutenfreies Vollwertmehl auf die Tischplatte streuen, den Teig dünn ausrollen und mit kleinen Formen ausstechen. Man kann die Kekse mit Ei bestreichen und eine halbe Mandel darauf legen. Auf das gefettete Blech legen. Backtemperatur 200°C, Mittelschiene, Backzeit 10 Minuten. Nach dem Backen auf einem Kuchendraht auskühlen lassen und in Dosen füllen.

Gebäcke

Hirsegebäck

Zutaten:

200 g Butter,
3 Eßl. Honig,
2 Eier,
1 Eßl. Kirschwasser,
350 g Hirse,
3 Eßl. Mais,
2 Eßl. Rosinen,
2 Eßl. Mandelsplitter,
40 g Arrowroot,
2 Eßl. Sojamilch.

Zubereitung:

Mit dem Rührgerät die Butter schaumig rühren. Abwechselnd nach und nach Honig, Eier und Kirschwasser dazugeben (der Alkohol verfliegt durch das Erhitzen, so daß nur der Geschmack zurückbleibt). Die Masse 10 Minuten auf Stufe 2 rühren.
Inzwischen die Hirse und den Mais in der Getreidemühle sehr fein mahlen. Arrowroot mit der Sojamilch anrühren, mit dem Hirse- und Maismehl vermischen und auf Stufe 1 sorgfältig in die Teigmasse einrühren. Die Rosinen in etwas Vollwertmehl wälzen und mit den Mandeln mit einem Holzlöffel beimengen.

Auf ein gefettetes Blech mit zwei Teelöffeln kleine, hohe Häufchen setzen, nicht zu dicht aneinander, weil sie beim Backen etwas verlaufen.
Den Ofen bei 200°C 8 Minuten vorheizen, auf der dritten Schiene von unten 5 Minuten bei 200°C und 5–10 Minuten bei 180°C goldgelb backen. Stückzahl: 40.

Käsegebäck

Zutaten:

150 g Mais,
100 g Buchweizen,
50 g Sojabohnen,
140 g Butter,
2 Teel. Weinsteinbackpulver,
100 g Walnüsse, gerieben,
1 Ei,
140 g Emmentaler Käse, gerieben,
1 Teel. Vollmeersalz,
etwas Fenchel, gemahlen,
1 gestr. Teel. Kümmel,
1 Ei zum Bestreichen.

Zubereitung:

Getreide und Sojabohnen fein mahlen. Von diesem Mehlgemisch etwas zurückbehalten für das Ausrollen des Teiges. Backpulver untermischen. Ei, Walnüsse und die Gewürze in die weiche Butter rühren. Käse hinzugeben und nach und nach das Mehl-Backpulver-Gemisch hineinarbeiten, den Rest auf der bemehlten Tischfläche hineinkneten, danach den Teig 2 Stunden kalt stellen. Tischplatte mit Mehl bestreuen, den Teig etwa 1 cm dick ausrollen und mit einem Messer, das man immer wieder in glutenfreies Mehl taucht, kleine Stangen schneiden, mit Ei bestreichen und auf das eingefettete Blech legen. Backtemperatur: 200°C, Mittelschiene, 10–15 Minuten. Dieses Gebäck hält sich lange frisch!

Buchweizenplinsen

Zutaten:

1 Eßl. Mais,
3 Eßl. Buchweizen,
2 Eier,
4 Teel. Honig,
1 Eßl. Sahne oder
Sojamilch,
1 Löffelspitze Backpulver,
Olivenöl zum Ausbacken.

Zubereitung:

Mais und Buchweizen in der Getreidemühle fein mahlen. Eier mit Honig schaumig schlagen. Sahne oder Sojamilch dazugeben.

Vollwertmehl mit Backpulver vermischen und in die Rührmasse einarbeiten.

Das Olivenöl erhitzen und den Teig löffelweise bei niedriger Heizstufe ausbacken.

Die fertigen Plinsen abtropfen lassen und kurz zum weiteren Abfetten auf Pergamentpapier legen.

Der Teig ergibt 12 Stück.

Anmerkung:
Der Teig muß dickflüssig sein. Man kann ihn variieren, indem man 1 Eßlöffel Rosinen, etwas Zimt oder Delifrut hinzufügt.

Man kann die Plinsen mit Käse, Kräutertofu, Sesammus oder Marmelade bestreichen.

Sie schmecken zum Frühstück und zum Nachmittagskaffee.

Tofu – ein wichtiger Bestandteil unserer Vollwertküche

Besonders geeignet ist Tofu in der Ernährung der Zöliakie-/Sprue-Kranken, denn er ist glutenfrei und bringt sehr viel Abwechslung in den Ernährungsplan.

Tofu ist leicht verdaulich und daher auch vielseitig in der Ernährung von Säuglingen und Kleinkindern zu verwenden.

Da er rein pflanzlich ist, ist er cholesterinfrei.

Tofu enthält keine Purine. Gichtkranke, welche purinfrei essen sollen, können nichts Besseres als Tofu zu sich nehmen.

Zur Gewichtsabnahme ist er als ein kalorienarmes hochwertiges Lebensmittel besonders geeignet.

Das hochwertige Eiweiß im Tofu – in 100 g sind 10 – 15 g enthalten – enthält alle essentiellen Aminosäuren im richtigen Verhältnis.

Frischer Tofu läßt sich einige Tage im Kühlschrank frisch halten, wenn man täglich das Wasser, in welchem er liegt, wechselt.

Wir verwenden ihn in der Vollwertküche zu knackig frischen Rohkostsalaten, für Salattunken, als Brotbelag, zu Aufläufen, Eintopfgerichten und für den glutenfreien Brotteig. Pikant zubereitet stellt er eine vollständige Mittagsmahlzeit dar und ist sozusagen Fleischersatz.

Hier eröffnet sich uns ein unbegrenztes Experimentierfeld: Tofu als Grundlage neuer Ideen und selbsterprobter Rezepte.

Die Herstellung von Tofu im Haushalt erfolgt am besten mit dem Tofu-Set (siehe Einkaufsmöglichkeiten). Sie verläuft in 2 Schritten:

1. die Gewinnung der Sojamilch aus der Sojabohne,
2. die Weiterverarbeitung zum Tofu (Sojaquark).

Herstellung der Sojamilch

Geräte:

Ein Zerkleinerungsgerät (Fleischwolf oder Mixgerät),
einen Kochtopf, der mindestens 6 Liter faßt,
zwei große Schüsseln (keine aus Kunststoff),
1 Kartoffelstampfer,
1 Kochlöffel, 1 Teelöffel,
1 Meßbecher,
Sieb aus Metall (Durchmesser etwa 20 – 22 cm),
1 Baumwolltuch (etwa 80 mal 80 cm),
1 Schraubglas.

Zutaten:

300 g trockene gelbe Sojabohnen aus schadstofffreiem Anbau,
Wasser.

Zubereitung:

Am Vorabend werden die Sojabohnen gründlich gewaschen und in 2 Litern kaltem Wasser eingeweicht. Die Einweichzeit hängt von der Raumtemperatur ab. Im Sommer rechnet man 8 bis 10, im Winter 10 bis 12 Stunden. Diese Zeitdauer sollte man einhalten, da sich sonst Blasen bilden. Nach der Einweichzeit macht man eine Weichprobe, indem man einige Bohnen durchschneidet. Beide Hälften sollen von gleichmäßiger Farbe sein.

Für die Weiterverarbeitung folgende Vorbereitungen treffen: Das Baumwolltuch befeuchten, das Sieb damit auslegen und über den Rand stülpen und dieses in eine Schüssel stellen.

Im Kochtopf erhitzen wir 1¾ Liter Wasser.

Die Bohnen werden abgegossen (das Einweichwasser kann weggeschüttet werden) und in 2 Portionen aufgeteilt. Im Mixgerät wird jede Portion mit ½ Liter heißem Wasser etwa 3 Minuten lang püriert. Das Bohnenpüree wird in das inzwischen kochende Wasser gegossen. Der Mixer wird mit ¼ Liter heißem Wasser ausgespült, auch dieses Wasser geben wir in den Topf.

Wer den Fleischwolf benutzt, benötigt kein heißes Wasser, denn wir drehen die Bohnen trocken durch den Wolf. Dafür muß bei der Vorbereitung 1¼ Liter Wasser zusätzlich, also 3 Liter, erhitzt werden. Für den Wolf nehmen wir die „feine" Scheibe und drehen den Bohnenbrei wenigstens zweimal durch.

Das Püree im Topf immer wieder umrühren, auch den Rand im Innern des Topfes abstreifen. Der Bohnenbrei läuft leicht über, daher die Hitzezufuhr beobachten und nicht zu hoch einstellen. Sobald der Schaum hochkommt, nehmen wir den Kochtopf beiseite und gießen den Inhalt in das vorbereitete Baumwolltuch.

Wenn der größte Teil der Milch abgelaufen ist, nehmen wir die Zipfel des Tuches zusammen und binden sie fest. Mit dem Kartoffelstampfer wird nun noch der Rest Milch ausgepreßt.

Es ist zweckmäßig, mit einem weiteren halben Liter Wasser die Sojabohnenreste, die man Okara nennt, nochmals auszupressen, denn für die weitere Verwendung des Okara muß es so trocken wie möglich sein. Wir füllen das Okara in ein Schraubglas. Die Verwendungsmöglichkeit ist aus dem Rezeptteil zu ersehen (siehe Mungobohnenbrot, Seite 66).

Reinigung der Geräte:
Reinigt man die benutzten Geräte, müssen diese unbedingt erst kalt ausgespült werden, sonst bleiben alle Reste als klebrige Masse haften (Eiweiß gerinnt und verklebt bei hohen Temperaturen).
Danach können alle Geräte heiß gespült und das Tuch ausgekocht werden. Die Geräte und das Tuch läßt man bis zum nächsten Gebrauch gut trocknen.

Verwendung der Sojamilch in der Küche
Außer für die Ernährung des zöliakiekranken Kindes (siehe Seite 32) läßt sich die Sojamilch für die unterschiedlichsten Speisen verwenden: für Getränke, Suppen, Nachspeisen, Breie, für Brot- und Kuchenteige. Der Fantasie sind keine Grenzen gesetzt. Vor allem kann die Sojamilch zu Tofu weiterverarbeitet werden.

Herstellung von Tofu

Geräte:
1 Kochtopf,
Thermometer,
1 Schaumkelle,
Tofu-Set,
Gewicht von 500 g,
Baumwolltuch.

Zutaten:

Fällungsmittel,
Sojamilch aus
300 g Sojabohnen.

Zubereitung:

Die frisch gewonnene Sojamilch sollte eine Temperatur von 60 – 70° C haben. Man kann sie mit dem Einkochthermometer messen.
Wir haben zwei Möglichkeiten, die Milch zum Gerinnen zu bringen:
a) Nigari (Seite 58):
Bei 300 g trockenen Sojabohnen als Ausgangsbasis (wie im Rezept angegeben) benötigen wir 1 gestrichenen Eßlöffel Nigari. Dieses muß vor Zugabe zur heißen Milch in Wasser aufgelöst werden.

b) Zitronensaft:
Wir benötigen für die gleiche Menge Sojaboh-

nen eine halbe Tasse Zitronensaft.

Das Fällungsmittel gibt man in die heiße Sojamilch, rührt gut um und deckt zu. Nach etwa 5 bis 10 Minuten entstehen zarte weiße Flocken und blaßgelbe Molke. Mit einer Schaumkelle nimmt man die gestockte Milch heraus und läßt die Molke ablaufen. Der „Bruch" kommt in einen Preßkasten, der mit einem Baumwolltuch ausgelegt ist. Mit dem Tuch deckt man oben ab, legt den Deckel darauf und beschwert diesen.

Wünscht man „weichen" Tofu, genügt 10 Minuten lang ein Gewicht von 500 g, wünscht man festen Tofu, preßt man ihn etwa 20 Minuten lang oder nimmt ein schwereres Gewicht. Will man den Tofu frisch verarbeiten, muß man ihn gleich in eine würzige Marinade legen. Man kann Tofu etwa 5 Tage im Kühlschrank frisch halten, wenn man täglich das Wasser, in welchem er liegt, wechselt.

Apfel-Möhren-Suppe

Zutaten:

500 g Möhren,
500 g Kartoffeln,
40 g Diasan oder Kokosfett (oder gemischt),
50 g Zwiebeln,
200 g Tofu,
2 aromatische Äpfel,
¼ l Sojamilch,
1 l Gemüsebrühe,
1 Eßl. Kressekeimlinge,
1 Eßl. frische Kräuter.

Zubereitung:

Möhren waschen und in Stifte schneiden.

Kartoffeln in der Schale dämpfen oder kochen, nach dem Erkalten in Würfel schneiden.

Zwiebeln würfeln und im erhitzten Fett rösten, etwas Brühe hinzugeben und die Möhren mitdünsten.

Äpfel waschen und in Würfel schneiden. Den Tofu ebenfalls in Würfel schneiden. Zwiebeln, Möhren, Tofu, Sojamilch, Äpfel miteinander vermischen, Gemüsebrühe hinzufügen und einmal aufkochen lassen. Kräuter und Kressekeimlinge hinzufügen und gut durchziehen lassen.

Wenn man die Suppe kräftig wünscht, schmeckt man noch mit etwas Hefeextrakt ab.

Wenn man sie sämiger haben möchte, rührt man vor dem Aufkochen Biobin oder Arrowroot hinzu.

Tofugerichte

Tomatensalat mit Tofu

Zutaten:

5 fleischige mittelgroße Tomaten,
150 g fester Tofu,
frische Basilikumblätter oder Kresse.

Für die Marinade:
2 Eßl. Oliven- oder Sonnenblumenöl,
2 Eßl. Kartoffelessig,
1 Msp. Senf,
gemahlener weißer Pfeffer,
etwas geriebener Knoblauch,
2 Eßl. frisches Basilikum.

Zubereitung:

Tomaten waschen und in Scheiben schneiden. Tofu ebenfalls in feine Scheiben schneiden.
Beides auf einer Salatplatte schön anrichten: Tomatenscheibe, Tofuscheibe und zwischen diesen beiden ein Kresse- oder Basilikumblatt – weiß, grün, rot.

Aus Öl, Essig, Senf, Pfeffer, Knoblauch und fein gewiegtem Basilikum bereitet man eine Marinade und gießt diese über die Tomaten - Tofu - Scheiben. Man kann aber auch die Marinade erst zubereiten und die Tofuscheiben ¼ Stunde hineinlegen, damit sie vorgewürzt werden.

Rohkostplatte mit Tofu

Zutaten:

1 Bund Radieschen,
150 g Kohlrabi,
4 Salatblätter,
3 Teel. Distelöl,
1 Teel. Zitronensaft,
1 Tomate,
1 Salatgurke (etwa 350 g),
1 Banane,
100 g Tofu,
1 Eßl. süße Sahne oder Sojamilch,
½ Eßl. Distelöl,
½ Eßl. Kartoffelessig,
2 Eßl. feingeschnittene Kresse.

Zubereitung:

Radieschen und Kohlrabi fein raspeln. Salatblätter waschen, abtropfen lassen und mit Öl und Zitronensaft marinieren. Salatgurke und Tomate halbieren, aushöhlen. Banane schälen und zerdrücken. Tofu in kleine Würfel schneiden.
Den Inhalt von Tomate und Gurke mit der zer-

drückten Banane und den Tofuwürfeln vermischen.
Aus Öl, Essig, frischer Sahne oder Sojamilch eine Marinade bereiten, unter das vorbereitete Gemisch heben und in die Tomaten- und Gurkenhälften füllen.
Eine große Salatplatte mit den Salatblättern auslegen. Die gefüllten Gurken- und Tomatenhälften und das geraspelte Gemüse in die Mitte setzen und alles mit Kresse verzieren.

Tofusalat

Zutaten:

250 g Tofu,

3 aromatische, etwas säuerliche Äpfel,

3 kleine, milchsaure Gewürzgurken,

100 g rote Bete,

3 Eßl. Kressesprossen.

Marinade:

4 Eßl. Sonnenblumenöl,

1 Becher Joghurt (oder 6 Eßl. Sojamilch),

Saft einer halben Zitrone (unbehandelt),

150 g Zwiebeln, feingehackt,

1 Teel. Akazienhonig.

Zubereitung:

Tofu in kleine Würfel schneiden.
Aus den angegebenen Zutaten eine Marinade herstellen und die Tofuwürfel darin ziehen lassen.
Äpfel, Gurken und rote Bete in kleine Würfel schneiden, zu den Tofuwürfeln geben, gut unterheben und mit Kressesprossen überstreuen.

Blattsalat mit Sojabohnen und Tofu

Zutaten:

½ Kopf Blattsalat,

200 g Radicchio,

150 g Chinakohl,

80 g gekeimte Mungobohnen,

100 g frischer Tofu,

2 Scheiben frische Ananas,

1 Eßl. frische Hefeflocken.

Marinade:

4 Eßl. kaltgepreßtes Walnuß- oder Distelöl,

2 Eßl. Obstessig,

1 kleine geriebene Zwiebel,

1 Prise Cayennepfeffer,

Ingwerwurzel, frisch gerieben.

Zubereitung:

Den gewaschenen Salat gut abtropfen lassen und kleinreißen. Vom Chinakohl nur die zarten Innenblätter verwenden und in 2 cm breite Streifen schneiden. Die Mungo-

91

bohnen sollten etwa 2 cm lange Keime haben.

Tofu in kleine Würfel schneiden, Ananas halbfein zerschneiden.

Aus den angegebenen Zutaten eine Marinade herstellen. Erst die Tofuwürfel hineingeben, danach alle übrigen Gemüse, Gewürze, Ananas und Hefeflocken, gut mischen und ziehen lassen.

TIP: Tofu ist geschmacksneutral, deshalb empfiehlt es sich, ihn immer als erstes in die Marinade zu geben, dann erst die übrigen Zutaten hinzuzufügen.

Tofuquark

Zutaten:

400 g Tofu (weich),
⅛ bis ¼ l Sojamilch,
Saft einer Zitrone (unbehandelt),
Kräutersalz,
Pfeffer aus der Mühle,
50 g Sellerie,
100 g Kürbiskerne,
1 Bd. Schnittlauch.

Zubereitung:

Tofu mit der Sojamilch cremig rühren, Zitronensaft, Kräutersalz und Pfeffer hineingeben und verrühren. Den Sellerie schälen und fein reiben, die Kürbiskerne in der Mandelmühle mahlen, einige davon zum Verzieren zurücklassen. Den Schnittlauch in feine Röllchen schneiden.

Sellerie und gemahlene Kürbiskerne in den Tofuquark geben. Mit Kürbiskernen und Schnittlauchröllchen verzieren.

Man kann diesen Tofuquark zu Brot oder Pellkartoffeln reichen.

Soja-Tofu pikant

Zutaten:

3 Chilischoten,
100 g Tofu,
200 g gekeimte Mungobohnen,
1 feingewiegte Zwiebel,
½ Tasse frische Kokosraspeln,
4 Eßl. Sojamilch,
Saft einer halben Zitrone,
Prise Vollmeersalz.

Zubereitung:

Die Chilischoten halbieren, entkernen und kleinschneiden. Tofu in kleine Würfel schneiden, mit etwas Vollmeersalz bestreuen, mit dem Zitronensaft übergießen. Mit Chilischoten, Mungobohnensprossen, Zwiebel und Kokosraspeln vermengen. Dann die Sojamilch unterheben und wenn nötig mit einer Prise Vollmeer- oder Kräutersalz abschmecken.

Man läßt den Salat gut durchziehen. Er paßt ausgezeichnet zu gekochtem Reis.

Gemüsesalat mit Tofu

Zutaten:

300 g Tofu,
1 Schlangengurke,
2 mittelgroße Möhren,
1 grüne Paprikaschote,
1 mittelgroße Zwiebel,
2 Essiggurken,
100 g Kichererbsensprossen,
1 Teel. Senfkeimlinge.

Marinade:
2 Eßl. Sonnenblumenöl,
2 Eßl. Kartoffelessig oder
Sauerkrautsaft,
etwas Vollmeersalz,
frischgemahlener Pfeffer,
frische Kräuter:
Dill, Estragon, Liebstöckel,
Minze.

Zubereitung:

Öl, Essig bzw. Sauerkrautsaft, Gewürze zu einer Marinade verarbeiten und die Tofuwürfel dazugeben.
Die Schlangengurke und die Möhren in feine Scheiben, die Paprikaschote in Streifen schneiden. Zwiebel fein hacken, Essiggurken in feine Würfel schneiden.

Alle Zutaten mit den Kichererbsensprossen und den Senfkeimlingen in die Marinade geben. Die Kräuter fein zerschneiden, eine Hälfte in den Salat geben, mit der anderen den Salat überstreuen.
Dieser Gemüsesalat kann zu Vollwertreis, zu glutenfreien Vollwertnudeln oder auch zu Kartoffel-, Mais-, Hirse- oder Buchweizengerichten gereicht werden.

Paprika-Tofu-Salat

Zutaten:

2 rote Paprikaschoten,
2 grüne Paprikaschoten,
1 Kopfsalat,
1 Bd. Lauchzwiebeln,
60 g Bleichsellerie,
60 g Tofu.

Marinade:
2 Eßl. Apfelessig,
½ Eßl. Senfkeimlinge,
etwas Pfeffer aus der Mühle,
4 Eßl. Distelöl.

Zubereitung:

Die Paprikaschoten waschen, halbieren, entkernen und in sehr feine Streifen schneiden. Den Kopfsalat nach dem Waschen und Verlesen mundgerecht zerpflücken, die Lauchzwiebeln fein schneiden, den Tofu und Bleichsellerie fein würfeln.
Aus den Zutaten eine Marinade bereiten, gut abschmecken, Gemüse und Tofu in eine Schüssel geben, mit der Salattunke übergießen und gut mischen.

Tofugerichte

Früchtesalat mit Sojasprossen und Tofu

Zutaten:

100 g Tofu,
2 Kiwis,
1 Birne,
1 Apfel,
1 Banane,
250 g Weintrauben (helle und dunkle gemischt),
250 g Mungobohnensprossen.

Marinade:
½ gestr. Teel. frisch gemahlener Pfeffer,
1 Eßl. Cognac,
4 Eßl. süße Sahne oder Sojamilch,
1 Eßl. Zitronensaft,
1 Eßl. gehackte Sonnenblumenkerne.

Zubereitung:

Aus Sahne bzw. Sojamilch und den Gewürzen eine Tunke zubereiten, Tofuwürfel dazugeben.

Die Früchte schälen, entkernen und in Scheiben schneiden. Die Weintrauben halbieren und entkernen. Die Früchte und die Mungobohnensprossen in eine Schüssel geben, die Tunke mit dem Tofu darübergießen und mit Sonnenblumenkernen bestreuen.

Tofu-Sommersalat

Zutaten:

100 g Tofu,
2 Pfirsiche,
2 Orangen,
1 Apfel,
200 g Wassermelone,
3 Eßl. Walnußkerne.

Marinade:
1 Tasse Kefir,
Saft von einer Orange,
1 Teel. Honig,
etwas Delifrut,
200 g Mungobohnensprossen.

Zubereitung:

Die Zutaten für die Tunke verrühren, evtl. im Mixgerät. Die Tofuwürfel hineingeben und ziehen lassen.
Orangen schälen und in Scheiben schneiden, Apfel schälen, entkernen und in Scheiben schneiden. Pfirsiche und Melone schälen, entkernen und in Würfel schneiden.
Früchte und Mungobohnensprossen in eine Schüssel geben, mit der Tunke übergießen und mit gehackten Walnüssen überstreuen.

Tofuschnitten

Zutaten:

250 g fester Tofu.

Marinade:
200 ml Gemüsebrühe,
½ Teel. Vollmeersalz,
Pfeffer aus der Mühle,
Rosmarin,
1 Lorbeerblatt,
4 Nelken.

Zum Panieren:
½ Tasse Soja-Vollwertmehl,
1 Ei,
1 Prise Vollmeersalz,
2 Eßl. geriebener
Parmesankäse,
Olivenöl zum Braten.

Zubereitung:

Der Tofu wird fest, wenn man ihn kurze Zeit vor dem Gebrauch zwischen zwei Brettchen legt und mit einem Gewicht beschwert.
Den Tofu in ½ cm dicke Scheiben schneiden. Aus den angegebenen Zutaten eine Marinade rühren und über die Tofuscheiben gießen. Den Tofu 4 Stunden lang darin liegen lassen, evtl. wenden.
Danach die Schnitten aus der Marinade nehmen, abtropfen lassen. In Sojamehl und verquirltem Ei wenden, in Parmesankäse wälzen und im heißen Öl ausbacken.
Nach dem Backen die Scheiben kurz auf Pergamentpapier legen, damit das Restfett abgesogen wird.

Kartoffel-Tofu-Bratlinge

Zutaten:

5 große Kartoffeln,
1 Meßl. Biobin,
300 g frischer Tofu,
1 Zwiebel,
2 Eßl. Distelöl,
½ Teel. feingemahlener
Pfeffer,
1 gestr. Teel. Vollmeersalz,
etwas Hefepaste,
1 Ei,
Paniermehl aus
glutenfreiem Brot,
Olivenöl zum Ausbacken.

Zubereitung:

Kartoffeln dämpfen oder in der Schale kochen, schälen und abkühlen lassen.
Kartoffeln und Tofu mit der Gabel zerdrücken, Öl, feingehackte Zwiebel, Biobin, Gewürze hinzugeben und fein abschmekken.
Alles gut miteinander vermischen und Bratlinge formen. In geschlagenem Ei und anschließend in Paniermehl wenden und in heißem Olivenöl ausbacken.
Eine leckere Speise zu Salaten.

Tofugerichte

Krümel-Tofu

Zutaten:

500 g frischer Tofu,
3 Eßl. Zitronensaft,
2 Zwiebeln,
1–2 Eßl. Diasan oder
Kokosfett,
Gewürze nach Belieben:
etwas Vollmeer- oder
Kräutersalz,
Streuhefe,
Curry,
feingemahlener Pfeffer,
gepreßte Knoblauchzehe,
1 Eßl. Schnittlauch,
1 Eßl. Petersilie,
2–3 Eßl. Sanoghurt oder
Sojamilch.

Zubereitung:

Tofu grob zerkleinern, mit Zitronensaft beträufeln und mit den feingehackten Zwiebeln in heißem Fett anbraten, bis die Krümel fest werden. Gewürze und Knoblauch hinzugeben und kurz mitbraten. Curry gibt dem Gericht eine gelbliche Farbe. Mit Sanoghurt oder Sojamilch abrühren und Petersilie und Schnittlauch darüberstreuen. Krümel-Tofu ist sehr pikant. Es ist eine köstliche Speise zu Getreidegerichten, kann aber auch statt Rührei gereicht werden.

Süße Tofuspeise – Grundrezept

Zutaten:

500 g Tofu,
3–4 Eßl. Distelöl,
80 g Akazienhonig,
½ Teel. echte Vanille,
½ Teel. gemahlener Zimt,
Saft ½ Zitrone.

Zubereitung:

Tofu und Distelöl mit dem Schneebesen oder im Mixer pürieren. Honig hinzugeben und mit Vanille und Zimt würzen. Alles gut miteinander verrühren oder mixen. Zum Schluß den Zitronensaft hinzugeben und die Speise kühl stellen. Aus diesem Grundrezept lassen sich viele unterschiedliche Nachspeisen mit variierenden Geschmacksrichtungen herstellen:

Je nach der Jahreszeit gibt man frisches Obst, z. B. Erdbeeren, Pfirsiche, Birnen, weiße, rote oder schwarze Johannisbeeren, Waldbeeren, Preiselbeeren, Weintrauben zu dieser Tofuspeise.
Im Winter kann man auch eingeweichte und zerkleinerte Trockenfrüchte verwenden. Da diese sehr süß sind, gibt man weniger Honig hinzu.

Salatsauce mit Tofu – Grundrezept

Zutaten:

200 g Tofu,
60 g Distelöl oder ein
anderes kaltgepreßtes Öl,
Saft ½ Zitrone,
Vollmeer- oder Kräutersalz,
50 ml frische Sojamilch.

Zubereitung:

Die Sauce wird im Mixer püriert, immer zuerst Tofu und Öl, danach Zitronensaft und Kräutersalz und sonstige geschmackgebende Zutaten. Die Sauce soll eine cremeartige Beschaffenheit haben.
Salatsaucen aus Tofu können auch zu anderen Speisen serviert werden: Zu Kartoffeln (in der Schale gekocht), Kartoffelbrei, Kartoffelaufläufen, zu Getreidegerichten aus Mais, Reis, Hirse, Buchweizen bzw. Gemische aus diesen.
Nach diesem Grundrezept lassen sich beliebige Tunken herstellen, je nach Gewürzen und Zutaten, die verwendet werden.

Sesam-Tofu-Sauce

Zutaten:

120 g Tofu,
3 Eßl. Sesammus,
1 Eßl. Sonnenblumenöl,
Saft ½ Zitrone,
½ Knoblauchzehe,
1 Msp. frisch gemahlener Pfeffer,
1 gestr. Teel. Vollmeer- oder Kräutersalz,
evtl. Mineralwasser ohne Kohlensäure.

Zubereitung:

Tofu, Sesammus und Öl im Mixer pürieren, Knoblauch und Gewürze hinzugeben und mit Tofu und Sesammus gut verrühren. Danach Zitronensaft hinzugeben.
Sollte die Tunke zu steif sein, gibt man nach Bedarf etwas Mineralwasser hinzu, das man gut durchmixt.

Estragon-Tofu-Sauce

Zutaten:

120 g Tofu,
3 – 4 Eßl. Sonnenblumenöl,
3 gestr. Teel. Senf,
½ Teel. Estragon,
Pfeffer und Vollmeersalz,
1 Eßl. Zitronensaft (ersatzweise 2 Eßl. Kefir oder 2 Eßl. Sanoghurt),
evtl. etwas Mineralwasser.

Zubereitung wie Sesam-Tofu-Sauce.

Tofugerichte

Tomaten-Tofu-Sauce

Zutaten:

4 feste fleischige Tomaten,
100 g weicher Tofu,
½ Becher Joghurt,
½ Teel. Senf,
1 Eßl. sehr fein gehackte
Zwiebeln,
etwas Hefewürze,
evtl. kohlensäurefreies
Mineralwasser.

Zubereitung:

Tomaten kurz in kochendes Wasser legen und enthäuten. Stielansatz entfernen. Tomaten mit Tofu und allen anderen Zutaten im Mixer pürieren.
Diese Sauce paßt gut zu Eisbergsalat.
Wenn man sie mit Mineralwasser verdünnt, pikant abschmeckt und kurze Zeit in den Kühlschrank stellt, läßt sie sich im Sommer oder am Abend auch als erfrischendes Getränk servieren.

Tofu-Brotaufstriche

Sie lassen sich, ähnlich wie die Tofu-Nachspeisen, auf bequeme Weise herstellen.
Grundlage sind immer 200 bis 250 g frischer Tofu, der zunächst weich gerührt oder fein gemixt, dann pikant oder süß abgeschmeckt wird.
Für süße Brotaufstriche bieten sich an: Honig, Nüsse, Mandeln oder Sonnenblumenkerne (gemahlen), Haselnuß- oder Sesammus und Früchte, jeweils mit etwas Zitronensaft abgeschmeckt.
Für würzige Brotaufstriche sind es: feingewiegte Kräuter, feingewiegte Gemüse wie Zwiebeln, Sellerie, Karotten, Gurken, Tomaten usw.
Man kann noch Hefeflokken, Vitam-R-Paste, Vollmeersalz, Kartoffel- oder Apfelessig hinzufügen.

Bei der Zubereitung von Frühstücksgerichten sind drei wichtige Faktoren zu beachten:
– die Verwendung von keimfähigem, geprüftem Vollgetreide aus naturgemäßem Anbau,
– das aroma- und vitalstoffschonende Mahlen in einer Getreidemühle mit echten Mahlsteinen unmittelbar vor dem Einweichen,
– die Verwendung der übrigen Zutaten (Zitrone, Apfel, Obst der Saison) aus kontrolliertem, biologischem Anbau.
Den vollen Nähr- und Vitalstoffwert erhält man nur bei unerhitzten Gerichten. Wenn ich nun für das zöliakiekranke Kind oder den Sprue-Kranken ein leichtes, etwa 3 Minuten langes vorsichtiges

„Durchköcheln" empfehle, ist das nur für eine begrenzte Zeitdauer gedacht. Sobald die Beschwerden im Magen-Darmbereich überstanden sind, ist ein allmählicher Übergang zur unerhitzten Frischkost wichtig.
Die Kombination von Körnern mit Sojamilch o. a. Milchprodukten wirkt sich für die Gesundheit sehr günstig aus.
Wir erreichen damit eine Calciumanreicherung der Körner, die durch das Hinzufügen von Sesam oder Sesammus noch verstärkt wird.
Organische Säuren des rohen Obstes werden durch die Kohlenhydrate und Quellstoffe des Getreides gebunden und dadurch besser verträglich.

Frischkornmüsle für alle Tage

Zutaten:

200 g Mais oder Buchweizen,
120–150 g kaltes Wasser (am besten kohlensäurefreies Mineralwasser),
1 Eßl. Leinsamen,
1 Eßl. Zitronensaft,
2 kleine Bananen,
2 Eßl. Haselnüsse,
3–4 mittelgroße Äpfel,
400 g Früchte nach der Jahreszeit.

Zubereitung:

Am Vorabend die Körner mittelgrob schroten, mit dem Wasser zu einem dickflüssigen Brei rühren, mit einem Tuch abdecken und in den Kühlschrank stellen. Am Morgen evtl. den Brei 3 Minuten leicht köcheln lassen. Den frisch gemahlenen Leinsamen, den Zitronensaft, die in feine Scheiben geschnittenen Bananen und die grobgewiegten Haselnüsse untermischen. Zuletzt die Äpfel hineinraspeln und Früchte je nach Jahreszeit hinzugeben.

Bananen-Leinsamen-Müsle

Leinsamen enthält einen sehr hohen Anteil an ungesättigten Fettsäuren und Vitamin E. Außerdem werden die anderen Nährstoffe im Leinsamen durch das Keimen in eine Form gebracht, die für den Körper leicht aufnehmbar und damit auch für den Kranken gut verträglich ist.

Zutaten:

2 Eßl. Rosinen,
2 mittelgroße Bananen,
etwas Zitronensaft,
1 aromatischer Apfel,
1 Teel. Honig,
2 Eßl. Leinsamensprossen,
etwa 4 Eßl. Sojamilch,
Joghurt, Dickmilch oder
Sahne.

Zubereitung:

Rosinen waschen und über Nacht einweichen. Bananen schälen, mit der Gabel zerdrücken und Zitronensaft darüber träufeln, den Apfel raspeln. Die Leinsamensprossen gibt man dazu und vermischt sie mit den anderen Zutaten.

Hirsebrei mit Trockenpflaumen

Zutaten:

80 g Hirse,
70 g Trockenpflaumen,
300 g Wasser,
300 g Soja- oder Vorzugs-milch,
etwas Butter,
Delifrut oder Anis.

Zubereitung:

Die Hirse wird geschrotet und über Nacht in kohlensäurefreiem Mineralwasser eingeweicht. Trockenfrüchte werden ebenfalls am Abend vorher gewaschen und eingeweicht. Am nächsten Morgen werden Hirseschrot und Gewürze im Einweichwasser und ein wenig Milch unter ständigem Rühren erhitzt. Merke: Fürs Müsle lassen wir den Schrot nur 3 Minuten köcheln, für den Brei benötigen wir 15 Minuten.

Kleingeschnittene Früchte, danach die restliche Milch hinzugeben, zum Schluß etwas Butter hinzufügen, nochmals umrühren. Man kann auch zerkleinerte Nüsse darüberstreuen.

Anmerkung:

Derselbe Morgenbrei kann mit frisch gemahlenem Buchweizen- oder Reisschrot, mit anderen Trockenfrüchten oder frischen Früchten, mit Sesam- oder Nußmus, mit Sauermilch oder frischer Sahne und vor allem auch mit kleingewürfeltem frischem Tofu zubereitet werden. Je nach Geschmack und nach Vorhandensein von Milchunverträglichkeit kann das Verhältnis Wasser-Vorzugsmilch-Sojamilch variiert werden.

Möhren-Müsle

Zutaten:

200 ml Vorzugsmilch oder
Sojamilch,
150 g Buchweizen,
120 g Möhren,
2 mittelgroße Äpfel,
1 Eßl. Akazienhonig,
1 Eßl. Sonnenblumenkerne.

Zubereitung:

Buchweizen in der Getreidemühle grob schroten, über Nacht in kaltem Wasser einweichen. Die Äpfel fein raspeln, die Möhren fein reiben (auf der Glasreibe). Möhren, Buchweizenschrot, Äpfel und Honig miteinander vermischen, mit Vorzugsmilch oder Sojamilch abrühren und die Sonnenblumenkerne darüberstreuen.

Salate

Keimlinge und Sprossen sind ein wesentlicher Bestandteil einer gesunden Vollwertkost, vor allem deshalb, weil sie die Möglichkeit bieten, Körner, Hülsenfrüchte und Samen in roher Form zu essen. Sie sind somit auch eine Heilnahrung für Magen- und Darmkranke und damit auch der Zöliakie- und Sprue-Kranken. Nicht vergessen sollte man, daß der regelmäßige Genuß von Sprossen und Keimen sehr dazu beiträgt, bei Übergewichtigen die überflüssigen Pfunde abzubauen: Viele Nähr- und Vitalstoffe, wenig Kalorien!

Wie schon erwähnt, ist die Menschheit schon seit vielen tausend Jahren mit dem Getreide und anderen Samen verbunden. Um so unverständlicher ist es, daß der Getreideverbrauch in den letzten 150 Jahren ständig zurückging. Wieviel Leben in einem Samenkorn steckt, haben Forscher nachgewiesen, die in der Mandschurei in einem ausgetrockneten Flußbett Lotussamen fanden. Sie schätzten das Alter dieser Samen auf 12 000 Jahre. Der Samen war noch keimfähig!

Was geht beim Keimen vor sich?
In den Körnern und Samen ruht der Keim, aus dem die neue Pflanze sprießt. Im Keimling konzentrieren sich Vitalstoffe und Fett. Die Samen enthalten Kohlenhydrate und Fette, welche die Nahrung für den wachsenden Keimling bilden. Durch den Keimprozeß nehmen die Samen Wasser auf, die Nährstoffe werden teilweise gespalten, sozusagen „vorverdaut", und werden auf diese Weise leicht verdaulich. Durch das Keimen erübrigt sich das lange Einweichen und

Kochen. Nach der Keimzeit von 2–6 Tagen kann und soll man die Keimlinge roh essen. Man erhält ein außerordentlich delikates Lebensmittel, das man sehr vielseitig verwenden kann, und das überaus reich ist an Nähr- und Vitalstoffen.

„Vitalstoffe" – Vitamine, hochwertige Proteine, essentielle Fettsäuren, Mineralstoffe und Spurenelemente – sind die Gesundheitsspender, die uns in Sprossen und Keimen in konzentrierter Form zur Verfügung stehen. Besonders die Vitamine vermehren sich während des Keimvorganges ganz wesentlich. Keimlinge sind eine sehr preisgünstige, nährstoffreiche, nicht an Witterung und an die Jahreszeit gebundene vollwertige Nahrung.

Man sollte seinen Wochen-Speisezettel so aufstellen, daß an jedem Wochentag wenigstens zu einer Mahlzeit, sei es am Morgen zum Müsle oder Getreidebrei, sei es zur Mittagsmahlzeit zum Salat, zum gedünsteten Gemüse, Eintopf oder Auflauf, oder am Abend zur Frühlingsrolle, zum Salat oder zum Pfannengericht, Sprossen mit dabei sind. Besseres für die Erhaltung der Gesundheit kann man nicht tun. Da die Vitalstoffe in Sprossen und Keimlingen bei einer Temperatur von 50–60 °C einen Teil ihres Wertes einbüßen, sollte man sie in erster Linie roh zu Salaten genießen. Bei anderen Gerichten gibt man sie kurz vor Ablauf der Garzeit hinzu.

Zur Herstellung der Keimlinge benötigt man Wasser, eine bestimmte Temperatur, Sauerstoff und ein Keimgerät. Es besteht aus drei Keimschalen mit Syphonhütchen, einer Wasserauffangschale und einem Deckel. Ein helles Plätzchen am Fenster, jedoch nicht in der Sonne, und Zimmertemperatur sind ausreichend. Vor dem Gebrauch ist darauf zu achten, daß der Keimapparat waagerecht steht und die Hütchen richtig auf den Wasserablaufröhrchen sitzen, aber nicht alle übereinander, sondern versetzt!

Alle Schalen können gleichzeitig oder nacheinander besät werden, z. B. am ersten Tag eine Schale besäen, am zweiten Tag die zweite und am dritten Tag die dritte. Es entsteht ein Zyklus, so daß uns an jedem Tag frische Keime und Sprossen zur Verfügung stehen. Man sollte die Samen nicht zu dicht legen, da jeder Same ein Vielfaches an Platz braucht, sie quellen sehr auf.
Nach dem Aussäen stellt man die Schalen richtig aufeinander. In die obere Schale geben wir nun soviel Wasser, bis es 1 cm unter dem Rand steht. Diese Menge muß eingehalten werden, weil sonst die richtige Befeuchtung der Samen nicht einwandfrei klappt. Mit Hilfe der Syphonhütchen läuft nun das Wasser durch sämtliche Schalen und berieselt die Samen. Es bleibt gerade so viel Wasser in den Schalen, daß ein Feuchtigkeitsklima hergestellt ist, das den Körnern das Keimen ermöglicht. Das Wasserniveau muß immer kontrolliert werden, und man darf nicht vergessen, das Auffangwasser zu entleeren, bevor man oben neues nachgießt.
Sollte man für alle Keimlinge nicht sofort Verwendung haben, kann man sie ohne weiteres für einige Tage in Frischhaltebeutel abfüllen und in den Kühlschrank legen.
Vor dem Essen sollte man sie mit Wasser kurz abspülen. An den Wurzeln einiger Samenarten bilden sich kleine Faserwürzelchen, die wie Schimmelpilze aussehen. Wirkliche Schimmelpilze aber bilden sich ganz selten und sind die Ursache einer nicht vorschriftsmäßigen Befeuchtung. Hier „macht die Erfahrung den Meister".
Vor dem Ansetzen von neuen Samen sollte man die Schalen, die Ablaufröhrchen und die Syphonhütchen gut reinigen und mit sauberem Wasser abspülen. Einmal in der Woche sollte man den Apparat außerdem mit Essigwasser nachspülen.

Salate

Keimtabelle

Vom Samen zur Sprosse	Saatgut	Temperatur	Wässern	Ernten	Ertrag
Leinsamen	¾ Eßl. Leinsamen	20 – 25° C	jeden 2. Tag 1mal	nach 3 – 4 Tagen	¾ Eßl. Leinsamen ergeben 1 Tasse Sprossen
Kresse	1½ Eßl. Kresse-Samen	20 – 25° C	jeden Tag 1mal	nach ca. 6 Tagen	1½ Eßl. Samen ergeben 1½ Tassen Sprossen
Senf	1½ Eßl. Senf-Samen	20 – 25° C	2mal täglich	nach 2 Tagen	1½ Eßl. Samen ergeben ½ Tasse Sprossen
Kichererbse	1½ Eßl. Kicher-erbsen	20 – 25° C	2 – 3mal täglich	nach 3 Tagen	1½ Eßl. Samen ergeben 1 Tasse Sprossen
Linse	1½ Eßl. Linsen	20 – 25° C	2 – 3mal täglich	nach ca. 4 Tagen	1½ Eßl. Linsen ergeben 1½ Tassen Sprossen
Rettich	1 Eßl. Rettichsamen	20 – 25° C	2mal täglich	nach 2 Tagen	1 Eßl. Samen ergeben 3 Eßl. Sprossen
Alfalfa	1½ Eßl. Samen	20 – 25° C	2mal täglich	nach 5 Tagen	1½ Eßl. Samen ergeben 3 Tassen Sprossen
Mungo-bohne	1½ Eßl. Samen	20 – 25° C	2mal täglich	nach 4 – 5 Tagen	1½ Eßl. Samen ergeben 1½ Tassen Sprossen

Rettich und Senf können auch erst nach 5 – 6 Tagen geerntet werden – entsprechend mehr Ertrag!

Selleriesalat mit Alfalfasprossen

Zutaten:

1 Sellerieknolle,
3 Eßl. Zitronensaft,
2 Tassen Alfalfasprossen.

Marinade:
4 mittelgroße Tomaten,
1 kleine Zwiebel,
½ Knoblauchzehe,
1 Pr. Vollmeersalz,
2 Eßl. Sonnenblumenöl,
1 Pr. Cayennepfeffer,
1 Teel. Basilikum,
einige Basilikumblättchen,
1 Pr. Thymian,
1 Eßl. Petersilie.

Zubereitung:

Die gut gereinigte Sellerieknolle raspeln und mit Zitronensaft übergießen. Die Marinade wird im Mixer bereitet. Die von der Haut befreiten Tomaten, die kleingewürfelte Zwiebel und die gepreßte Knoblauchzehe sowie Öl, Meersalz, Cayennepfeffer, Basilikum und Thymian gibt man in den Mixer und mixt, bis alles püriert ist. Den Sellerie gibt man in die Salatschüssel, füllt die Sprossen darauf und übergießt mit der Marinade. Man verziert mit Basilikumblättchen und gehackter Petersilie.

Alfalfa
Im Volksmund auch als „Blaue Luzerne" bekannt. Ihr Eiweiß- und Vitalstoffgehalt überrascht. Sie enthält 35% Eiweiß und ist reich an Provitamin A, den Vitaminen C, D und E.
Nach Aussage von Prof. Busse Graewitz, Cordoba, enthält eine Tasse Alfalfakeimlinge so viel Vitamin C, wie in 10 Gläsern Orangensaft enthalten ist. Wer etwas Gutes tun will für Knochen, Muskeln und Zähne, der sollte viel Alfalfasprossen essen, da sehr viele Mineralstoffe, z. B. Calcium, in ihnen enthalten sind.

Linsensprossensalat mit Porree

Zutaten:

2 Stangen Porree,
1 süßlicher Apfel,
etwas Zitronensaft,
1 Tasse Linsensprossen.

Marinade:
1 Eigelb,
2 Eßl. Sonnenblumenöl,
2 Eßl. Zitronensaft,
1 Eßl. Kartoffelessig,
4 Eßl. mittelalter Gouda,
1 Teel. Senfsprossen,
1 Eßl. Petersilie.

Zubereitung:

Porree halbieren und gründlich waschen, abtropfen lassen, in feine Ringe schneiden.
Den Apfel fein raspeln, mit etwas Zitronensaft übergießen und zum Porree geben.
Die Linsensprossen kalt abspülen, abtropfen lassen und ebenfalls zum Porree geben.
In die Rührschüssel geben wir das Eigelb und rühren es langsam abwechselnd

Salate

mit Öl, Zitronensaft und Essig zu einer Mayonnaise, dann geben wir den feingeriebenen Gouda und die Senfsprossen hinzu. Die Salatzutaten geben wir in die Salatschüssel und mischen gut durch.

Linsensprossen
haben einen hohen Gehalt an den Vitaminen A, B und C, an Phosphor und Eisen. Außerdem sind sie reich an hochwertigem Eiweiß. Sie haben einen milden Geschmack.

Endiviensalat mit Kichererbsensprossen

Zutaten:

1 Kopf Endiviensalat,
1 Tomate,
3 Eßl. Kichererbsensprossen,
2 Eßl. Zitronensaft,
3 Eßl. Sonnenblumenöl,
3 kleine Gewürzgurken,
1 Eßl. Schnittlauch,
1 Eßl. Petersilie.

Zubereitung:

Endiviensalat waschen und zerkleinern, die Tomate kurz in kochendes Wasser legen und enthäuten. Die Kichererbsen kurz überbrühen.
Aus Sonnenblumenöl und Zitronensaft und einem Teil der feingeschnittenen Kräuter eine Marinade bereiten, die kleingewürfelten Gewürzgurken hineingeben. Den Salat, die kleingewürfelte Tomate und die Kichererbsen in die Salatschüssel geben und mit der Marinade übergießen, gut durchmischen und mit dem Rest der Kräuter überstreuen.

Kichererbsen
werden vorwiegend in Indien und Pakistan angebaut. Sie besitzen einen hohen Eiweißanteil von 20% und viele wertvolle Mineralstoffe und Vitamine. Sie sind zum Kochen und für die Sprossenzucht geeignet. Zum Abbau des gesundheitsschädigenden Phasins sollten Kichererbsenkeimlinge kurz erhitzt werden.

Kresse-Blumenkohl-Salat

Zutaten:

1 mittelgroßer Blumenkohl,
4 Eßl. frische Kresse,
2 Eßl. Zitronensaft,
1 Eßl. Kartoffelessig,
3 Eßl. Sonnenblumenöl,
2 Eßl. gehackte Walnüsse.

Zubereitung:

Den Blumenkohl waschen und in feine Röschen zerteilen, abtropfen lassen. Die Kresse kurz abspülen und abtropfen lassen. Aus Sonnenblumenöl, Zitrone und Kartoffelessig eine Marinade bereiten, die Blumenkohlröschen hineingeben, gut unterheben, dann die Kresse dazugeben, ebenfalls unterheben. Mit Walnüssen verzieren. Der Salat muß ½ Stunde durchziehen.

Sellerie-Orangen-Salat

Zutaten:

1 Glas Kefir,
2 Teel. Nußmus,
1 Orange,
½ Sellerieknolle,
etwas Zitronensaft.

Zubereitung:

Salatsauce herstellen aus Kefir, Nußmus und Zitronensaft. Sellerie auf der feinen Raffel hineinreiben, schnell unterziehen. Orange in kleine Würfel schneiden und unter den Salat heben.

Weißkohl-Rote-Bete-Salat

Zutaten:

2 rote Bete,
2 Äpfel,
½ Weißkohl,
etwas Meerrettich,
1 Becher Joghurt,
2 Eßl. Kartoffelessig,
1 Teel. Mandelmus.

Zubereitung:

Salatsauce zubereiten aus Joghurt, Kartoffelessig, Meerrettich und Mandelmus. Äpfel auf der groben Raffel mit der Schale in die Sauce reiben. Rote Bete schälen und auf der feinen Raffel dazureiben. Weißkohl von den Rippen entfernen, sehr fein schneiden, ebenfalls dazugeben und gut vermischen.

Salate

Tofu-Sprossen-Salat

Zutaten:

400 g weicher Tofu oder Quark,
2 Eßl. Sojamilch,
2 Tomaten,
1 Eßl. Senfsprossen,
2 Eßl. Kressesprossen,
2 mittelgroße Zwiebeln oder 2 Frühlingszwiebeln,
etwas frischer Pfeffer,
1 Eßl. Sojaöl,
4 große frische Salatblätter.

Zubereitung:

Tofu oder Quark mit Sojamilch verrühren. Die Tomaten kurz in kochendes Wasser legen und enthäuten. Senf- und Kressesprossen im Sieb kurz durchspülen, abtropfen lassen. Die Zwiebeln in Würfel bzw. die Frühlingszwiebeln in feine Scheibchen schneiden. Die Tomaten pürieren und mit den Zwiebeln zum Tofu geben.

Öl und Pfeffer miteinander verrühren, Senf- und Kressesprossen dazugeben und alles mit dem Tofu vermengen.
Wenn der Salat gut durchgezogen ist, auf den Salatblättern anrichten.

Senfkeimlinge
wirken heilend bei Haut- und Darmerkrankungen und sind leichter zu vertragen als der Senfsamen. Die Keimlinge sind zwar etwas scharf, aber pikant und würzig. Man muß sie deshalb sparsam einsetzen.

Salat „Quer durch den Garten"

Zutaten:

1 kleiner Kopfsalat,
2 Eßl. frische Erbsen,
3 mittelgroße Tomaten,
10 Radieschen,
10 Spinat- oder 4 Mangoldblätter,
2 Eßl. Kressesprossen,
1 Eßl. Kerbel,
1 Eßl. Petersilie,
4 Blüten Kapuzinerkresse,
2 Eßl. Kichererbsen-keimlinge.

Marinade:
1 Becher Sahne-Dickmilch,
1½ Eßl. Zitronensaft,
1 Eßl. kaltgepreßtes Öl,
1 Teel. Honig,
feingehackter Sauerampfer.

Zubereitung:

Den Salat waschen, abtropfen lassen, zerpflükken. Die frischen Erbsen entschoten, die Tomaten in kochendes Wasser legen und enthäuten, in Scheiben schneiden. Radieschen waschen, in Scheibchen schneiden. Spinat oder Mangold reinigen und in feine Streifen schneiden. Kressesprossen kurz abspülen, Petersilie und Kerbel fein hak-

ken. Außer Petersilie, Kapuzinerblüten und Kichererbsen alles in die Salatschüssel geben.
Für die Marinade die Dickmilch mit Öl, Zitronensaft, Honig und Sauerampfer verrühren, über den Salat gießen und gut durchmengen.
Kichererbsen werden im Sieb heiß abgespült, zum Abtropfen gut durchgeschüttelt und mit der Petersilie über den Salat gestreut.
Die Kapuzinerblüten, die sehr behutsam kurz abgespült werden, legt man als Schmuck auf den Salat. Man kann sie essen!

Gurkensalat

Zutaten:

1 große Salatgurke,
1 kleine rote Bete,
3 Eßl. Kräuter (Basilikum,
Liebstöckel, Rosmarin, Dill,
Zitronenmelisse).

Marinade:
2 Becher fettarmer Kefir,
1 Eßl. kaltgepreßtes Öl,
2 Eßl. Kartoffelessig,
1 Teel. Honig,
½ Teel. weißer Pfeffer,
1 Eßl. Senfsprossen.

Zubereitung:

Die Salatgurke reinigen und in feine Scheiben schneiden. Die rote Bete reinigen und fein raspeln. Die Kräuter waschen, abtropfen lassen, fein schneiden.
Aus Kefir, Öl, Essig, Honig, Pfeffer eine Marinade rühren. Die Senfsprossen hinzufügen. Gurkenscheiben und rote Bete in die Salatschüssel geben, die Marinade darübergießen, den Salat gut durchmischen. Von den feingehackten Kräutern die Hälfte in den Salat geben, mit der anderen Hälfte den Salat verzieren.

Sellerie-Tomaten-Salat

Zutaten:

1 Sellerieknolle (etwa 400 g),
2 Eßl. Zitronensaft,
4 Tomaten,
1 mittelgroße Zwiebel,
1 Apfel.

Marinade:
1 Becher Kefir,
1 Becher saure Sahne,
1 Eßl. Sonnenblumenöl,
1 Teel. Honig,
2 Eßl. Kräuter
(Schnittlauch, Zitronen-
melisse, Majoran, Petersilie),
3 Eßl. Kressesprossen.

Zubereitung:

Sellerie waschen, bürsten, raspeln, mit Zitronensaft beträufeln. Tomaten kurz in heißes Wasser legen, enthäuten, in Scheiben schneiden. Die Zwiebel in Würfel schneiden. Den Apfel in Stückchen schneiden.
Aus Kefir, saurer Sahne, Öl und Honig eine Marinade rühren. Sellerie, die in Scheiben geschnittenen Tomaten, Zwiebelwürfel und Apfelstückchen in die

Schüssel geben und mit der Marinade übergießen. Den Salat gut durchmischen.

Die Kressesprossen über den Salat streuen, leicht unterheben und mit den gehackten Kräutern verzieren.

Kressesprossen sind ein außerordentlicher Vitamin C-Spender, aber auch das Provitamin A ist in reichlicher Menge vorhanden. Der Geschmack ist sehr würzig, fast herb. Kresse eignet sich besonders als Zutat zu Salaten und Marinaden.

Rotkohlsalat

(möglichst 1 Stunde vor der Mahlzeit zubereiten)

Zutaten:

1 kleiner Rotkohl,

¼ Sellerieknolle,

1 Apfel.

Marinade:

4 Eßl. Distel- oder Sonnenblumenöl,

Saft ½ Zitrone oder 1–2 Eßl. Sauerkrautsaft,

1 Eßl. Honig,

1 Msp. Paprika,

1 Teel. Thymian.

Zubereitung:

Den Rotkohl waschen, Strunk und feste Blattrippen entfernen und sehr fein schneiden. Den Sellerie sehr fein raspeln. Den Apfel in Viertel schneiden, das Kerngehäuse entfernen und fein raspeln. Alles zusammen in eine Schüssel geben und durchmengen.

Aus Öl, Zitronen- oder Sauerkrautsaft, Honig, Paprika und Thymian eine Marinade rühren und über den Salat gießen, sehr gut durchmischen und 1 Stunde durchziehen lassen.

Für Zöliakiekranke, die diesen Salat (überhaupt Kohlsalate) roh nicht vertragen, ist es ratsam, den feingeschnittenen Kohl in 1 Eßlöffel Diasan etwa 10 Minuten zu dünsten, danach läßt man ihn erkalten und gibt ihn in die Marinade, bei der man nun aber das Öl wegläßt.

Japanischer Salat

Zutaten:

3 Scheiben frische Ananas,
Saft einer Zitrone,
2 Bananen,
3 Tomaten,
4 Radieschen,
2 süßsaure Äpfel,
1 reife Birne,
1 große Orange,
60 g Nüsse,
2 Eßl. Mungobohnen-
sprossen,
2 Eßl. frische Sahne oder
Sojamilch.

Zubereitung:

Ananas mit Zitronensaft übergießen, dann in Würfel schneiden. Bananen, die enthäuteten Tomaten und Radieschen in Scheiben schneiden. Äpfel und Birne entkernen, Orange schälen und alles in Würfel schneiden. Die Nüsse grob hacken, Mungobohnensprossen mit heißem Wasser übergießen und abtropfen lassen.
Alle Zutaten in die Salatschüssel geben und mit der Sahne oder der Sojamilch gut durchmischen.

Mungobohnen
sind die grünen Sojabohnen, und wie alle Hülsenfrüchte reich an Eiweiß (ca. 50%). Sie enthalten außerdem sehr viel Vitamin A, B und C und Calcium. Gekeimte Mungobohnen brauchen nicht blanchiert zu werden, falls sie nicht in größeren Mengen gegessen werden, da das Phasin während des Ankeimvorgangs weitgehend abgebaut wurde. Die Mungobohnensprossen lassen sich für alle Salate, Gemüse, auch Eintöpfe, zum Füllen von Omeletten, Pfannkuchen, für Pizza, Aufläufe, ja auch für die glutenfreien Brote verwenden.

Fenchelsalat

Zutaten:

2 große Fenchelknollen,
2 Karotten,
1 Tomate,
1 grüne Paprika,
1 Apfel.

Marinade:
1 Becher Sanoghurt,
1 Eßl. Sauerrahm,
3 Eßl. Sonnenblumenöl,
Saft ½ Zitrone,
1 kleine Zwiebel,
1 Eßl. Senfsprossen,
1 Teel. Honig.

Zubereitung:

Fenchelknollen waschen und fein hobeln, Karotten waschen und fein raspeln, Tomate in kochendes Wasser legen, enthäuten. Paprikaschote waschen, halbieren, Kerne und Segment entfernen und in feine Streifen schneiden. Den Apfel halbieren, Kerngehäuse entfernen und würfeln.
Sanoghurt, Sauerrahm, Öl, Zitronensaft mit dem Schneebesen zu einer

Marinade rühren, gehackte Zwiebel und Honig zufügen. Gemüse und Obst hineingeben und gut durchmischen. Die Senfsprossen darüberstreuen und einige unterheben. Der Salat muß wenigstens ½ Stunde durchziehen.

Fenchel

Dieses zwiebelartig wachsende Gemüse, das ein sehr würziges Aroma hat und nach Anis schmeckt, kommt aus dem Mittelmeerraum, hauptsächlich aus Italien. Es hat eine vielseitige Verwendung. Das duftende feine Grün wird zuletzt über das Fenchelgericht gestreut.

Pikanter Sauerkrautsalat

Zutaten:

400 g Sauerkraut,
4 Äpfel,
100 g rote Paprika,
3 kleine Essiggurken,
1 Zwiebel,
4 Eßl. Distel- oder
Sonnenblumenöl,
4 Teel. Kartoffelessig,
2 Teel. Kümmel.

Zubereitung:

Sauerkraut zerschneiden. Wenn es sehr sauer schmeckt, etwas ausdrükken und den Saft als Würzmittel verwenden. Äpfel fein raspeln, Paprika halbieren, Kerne entfernen und in feine Streifen schneiden. Essiggurken in kleine Stückchen schneiden, Zwiebel würfeln. Gemüse, Gewürze und Öl miteinander vermischen und abschmekken.

Anmerkung:

Man kann dem Sauerkrautsalat verschiedene Geschmacksrichtungen geben, z. B. ihn mit kleingeschnittenen Äpfeln und Tomaten oder mit Äpfeln, Orangen, Bananen und Nüssen zubereiten. Im letzteren Fall hat der Sauerkrautsalat eine mildsüße Geschmacksrichtung.

Rote-Bete-Salat mit Walnüssen

Zutaten:

300 g rote Bete,
4 Eßl. Sonnenblumenöl,
1 Becher fettarmer Joghurt,
Pfeffer aus der Mühle,
je 1 Msp. Ingwer, Anis,
Kümmel,
1 Teel. Meerrettich,
2 Eßl. Kartoffelessig,
1 Bd. Petersilie,
50 g Walnußkerne.

Zubereitung:

Die rote Bete mit einer Bürste gut reinigen und grob raspeln.

Aus den übrigen Zutaten die Salattunke herstellen, Gewürze hinzugeben und über die roten Bete gießen.

Alles gut durchheben, abschmecken, durchziehen lassen, mit feingehackter Petersilie überstreuen, mit den Walnüssen verzieren.

TIP: Die Marinade kann auch ohne Joghurt zubereitet werden. Zur Abwechslung den Salat mit kleingeschnittenen Äpfeln zubereiten.

Acker- oder Feldsalat

Zutaten:

250 g Acker- oder Feldsalat
(verlesen).

Marinade:
4 Eßl. Sanoghurt,
2 Eßl. saure Sahne,
2 Eßl. Sonnenblumenöl,
1 Eßl. Sauerkrautsaft,
1 Zehe geriebener Knoblauch,
½ Teel. Meerrettich,
2 Eßl. fein zerschnittene
Kräuter (Melisse, Borretsch,
Liebstöckel),
Petersilie.

Zubereitung:

Den Salat verlesen, waschen und gut abtropfen lassen.

Aus den übrigen Zutaten eine Marinade herstellen, die man mit dem Schneebesen gut verrührt. Meerrettich, Melisse, Borretsch und Liebstöckel unterheben und Petersilie darüberstreuen.

Kürbissalat

Zutaten:

2 junge Kürbisse,
1 Apfel,
1 Möhre,
etwa 150 g saure Sahne,
2 Eßl. Sonnenblumenöl,
1 Teel. Senf,
2 Eßl. feingehackte Kräuter
(Schnittlauch, Melisse),
2 Eßl. Alfalfasprossen,
Zitronensaft.

Zubereitung:

Das Kürbisfleisch in kleine Würfel schneiden, den Apfel und die Möhre grob raspeln und alles miteinander vermengen. Aus den übrigen Zutaten eine Marinade rühren und diese sofort unter die Frischkost ziehen.

Zuletzt die Alfalfasprossen darüberstreuen.

Salate

Chicorée-Salat mit Rettich

Zutaten:

3 Chicorée,
1 mittelgroßer Rettich,
1 Becher Joghurt,
2 Teel. Nußmus,
etwas Tomatensaft,
etwas Zitronensaft.

Zubereitung:

Den bitteren Kern des Chicorée entfernen. Chicorée in 1 cm breite Streifen schneiden und den Rettich fein raspeln. Joghurt mit Nußmus, Zitronen- und Tomatensaft vermischen und über den geschnittenen Salat geben.

Frischkost-Grapefruit-Salat

Zutaten:

400 g Möhren,
2 Tomaten,
2 Eßl. Petersilie,
200 g Salatgurke,
200 g Sellerie,
1 Grapefruit,
1 Teel. Honig,
3 Eßl. Buttermilch.

Zubereitung:

Möhren waschen, gut bürsten und raspeln. Tomaten in feine Scheiben schneiden, Petersilie waschen und hacken. Gurke in Scheiben schneiden, Sellerie waschen und fein raspeln. Alles zusammen in die Schüssel geben. Grapefruit auspressen und den Saft mit den Gemüsen vermischen. Buttermilch und Honig verrühren, über den Salat gießen und unterheben. Mit gehackter Petersilie überstreuen.

Möhren-Rohkost mit Apfel

Zutaten:

400 g Möhren,
2 Äpfel (süß),
2 Eßl. Sonnenblumenöl,
1 Eßl. Zitronensaft,
1 Teel. Sauerkrautsaft,
1 Becher Joghurt,
1 Teel. Sesammus.

Zubereitung:

Sauce aus Joghurt, Zitronensaft, Sesammus, Öl und Sauerkrautsaft zubereiten. Möhren und Äpfel fein reiben und unter die Sauce ziehen.

Belgischer Salat

Zutaten:

5 mittelgroße Kartoffeln,
4 kleine rote Bete,
1 kleiner Blumenkohl,
2 Äpfel,
3 milchsaure Essiggurken.

Marinade:
4 Eßl. Distelöl,
2 Eßl. Kartoffelessig,
2 Eßl. Kräuter (Dill, Gartenkresse, etwas Rosmarin),
½ Teel. weißer Pfeffer,
feingeschnittene Petersilie.

Zubereitung:

Gekochte oder gedämpfte Schalenkartoffeln vom Vorabend schälen und in Würfel schneiden. Die roten Bete gründlich reinigen, fein raspeln, den Blumenkohl in Röschen zerlegen, im Sieb unter fließendem Wasser gut abspülen. Die Äpfel fein raspeln, die Essiggurken in feine Scheiben schneiden.

Aus Öl, Essig, Pfeffer und den Kräutern eine Marinade bereiten, die Gemüse hineingeben, gut durchmischen und ziehen lassen. In der Salatschüssel anrichten und mit Petersilie überstreuen.

Suppen

Selbstgemachte Suppen sind in den letzten Jahren von Suppenkonserven und Instantprodukten nahezu vollständig verdrängt worden. Die moderne Lebensmitteltechnologie bietet die „Fertigsuppe" in unübersehbarer Fülle an.
Sie ist zwar einfach und schnell in der Handhabung, aber industriell zubereitet und konserviert und damit ein „totes Nahrungsmittel".
„Der Koch ist zudem nicht der Verbraucher, sondern die Laboratorien der Nahrungsmittelkonzerne".[1]
In den nachfolgenden Suppen-Rezepten werden ausschließlich vollwertige Zutaten verwendet.
Schmackhafte Suppen können ein Menü ergänzen. Sie dienen einem appetitschwachen Kind oder einem älteren Menschen zur Appetitanregung. Oft sind die würzigen Suppen auch eine willkommene Zwischenmahlzeit, und in der kalten Jahreszeit dienen sie „zum Aufwärmen".

[1] Gotz/Queissert, Einfach anders essen, Pala Verlag, 1985, S. 133

Klare Gemüsebrühe

Eine klare Gemüsebrühe läßt sich leicht herstellen. Sie dient als Grundlage für Gemüsebreie in der Säuglingsernährung, man kann sie zum Dünsten der Gemüse oder in Verbindung mit einem Bindemittel für „gebundene" Suppen verwenden.

Zutaten:

Alles, was bei der Salat- und Gemüsevorbereitung an intakten Teilen (keine Faulstellen) abfällt, kann für die klare Gemüsebrühe verwendet werden (Gesamtmenge 1 kg):
Sellerie, Möhren, rote Bete, etwas Kohl und Kohlrabi, Lauch, Tomaten, Zwiebeln, gesäuberte Kartoffelschalen,
2 Liter Wasser,
Liebstöckel, Estragon, Bohnenkraut.

Zubereitung:

Alle Gemüse grob zerkleinern und bis zum Weichwerden (etwa 30 Minuten) leicht kochen. In den letzten 5 Minuten Kräuter hinzugeben.
Danach durchsieben. Je nach Geschmack mit Cenovis oder Vitam-R würzen.

Kürbissuppe

Zutaten:

3 Eßl. Sonnenblumenöl,
1 Zwiebel,
1 kg Kürbisfruchtfleisch,
1 l Gemüsebrühe,
Kräutersalz, Pfeffer, Muskat,
Zitronensaft,
150 g saure Sahne oder
Joghurt,
Kürbiskerne.

Zubereitung:

Die feingewürfelte Zwiebel im Öl glasig dünsten, das gewürfelte Kürbisfruchtfleisch hinzufügen und in etwa 15 Minuten weich dünsten, evtl. etwas Wasser hinzufügen. Mit der heißen Gemüsebrühe auffüllen, die Suppe pürieren und mit den Gewürzen und dem Zitronensaft abschmecken. Saure Sahne unterziehen und die Suppe vor dem Servieren mit zerkleinerten Kürbiskernen bestreuen. Bei Milchintoleranz lassen sich Sahne oder andere Milchprodukte durch Sojamilch oder Tofu ersetzen.

Gemüsebrühe mit Einlagen

Zutaten:

4 Kartoffeln,
4 kleine Tomaten,
1 Zwiebel,
200 g Kohlrabi,
200 g frische Erbsen,
1 Petersilienwurzel,
3 Mangoldblätter,
½ Sellerieknolle,
etwas Selleriegrün,
½ Stange Lauch,
Petersilie,
40 g Diasan oder Kokosfett,
1 Teel. Vitam-R-Paste,
1¼ l Wasser.

Zubereitung:

Kartoffeln dünn schälen. Tomaten kurz in kochendes Wasser legen und enthäuten. Kartoffeln, Tomaten, Zwiebel, Kohlrabi, Sellerie, Mangold in Würfel schneiden. Petersilienwurzel und Selleriegrün in kleine Stücke, Lauch in feine Ringe schneiden. Petersilie mit einer scharfen Schere fein schneiden und bis zum Gebrauch abdecken. Diasan oder Kokosfett erhitzen und die Zwiebel darin anrösten, das vorbereitete Gemüse mit den Erbsen dazugeben und ca. 10 Minuten leicht dünsten. Wasser und die Vitam-R-Paste dazugeben und das Ganze nochmals etwa 15 Minuten leicht kochen lassen.

Um eine Bindung zu erreichen, kann ein Teil der Kartoffeln mit der Gabel zerdrückt werden.

Kurz vor dem Servieren die gehackte Petersilie darüberstreuen.

Buchweizensuppe

Zutaten:

125 g Buchweizen,
1 l Wasser oder
Gemüsebrühe,
2 Lorbeerblätter,
1 Stange Lauch,
1 Zwiebel,
evtl. 1 TL Frugola oder
Vitam-R,
Majoran,
1 Knoblauchzehe,
½ Teel. Muskat,
1 Eßl. Petersilie,
1 Eßl. Diasan oder
Kokosfett.

Zubereitung:

Den Buchweizen waschen, abtropfen lassen und in ¾ Liter Gemüsebrühe oder Wasser 10 Minuten kochen und 20 Minuten ausquellen lassen.

Lauch halbieren und in feine Streifen schneiden, die Zwiebel in Würfel schneiden.

Fett erhitzen, Zwiebeln andünsten, den Lauch dazugeben, ebenfalls kurz anschwitzen. Mit der restlichen Gemüsebrühe oder Wasser auffüllen und mit den Lorbeerblättern 10 Minuten dünsten lassen. Danach die Lorbeerblätter herausnehmen.

Den Lauch mit der Körnermasse vermischen und mit Frugola oder Vitam-R, Majoran, zerriebenem Knoblauch, frischgeriebenem Muskat würzen, evtl. etwas Gemüsebrühe nachgießen. Zum Schluß die feingehackte Petersilie darüberstreuen.

Buchweizen-Reis-Suppe

Zutaten:

60 g Vollreis,
60 g Buchweizen,
etwa 160 ml Wasser,
je 1 Stengel Bohnenkraut,
Basilikum, Dillkraut,
Fenchel, Liebstöckel,
Thymian, Salbei,
1 Möhre,
1 l Wasser.

Zubereitung:

Vollreis und Buchweizen werden auf der Getreidemühle fein gemahlen und in 160 ml Wasser eingeweicht.
1 l Wasser läßt man kochen und gibt die kleingeschnittene Möhre mit den gebündelten Küchenkräutern hinein.
Nach dem Aufkochen läßt man das Ganze 20 Minuten auf kleiner Stufe ziehen.

Danach siebt man die Brühe durch, gibt das eingeweichte Reis-Buchweizen-Vollwertmehl unter kräftigem Rühren mit dem Schneebesen hinzu, läßt einmal aufwallen und nimmt die Suppe von der Kochstelle.
Man kann noch mit wenig Vollmeersalz nachwürzen. Am wirksamsten ist die Suppe, wenn man frische Kräuter verwendet. Getrocknete werden erst nach dem Aufwallen der Suppe hineingegeben und dürfen nur durchziehen. Diese Suppe ist auch als Übergangsdiät auf die Vollwerternährung geeignet (siehe Kapitel 10).

Hirse-Liebstöckel-Suppe

Zutaten:

70 g Hirse,
700 ml Gemüsebrühe,
300 ml Sojamilch,
40 g Tofu,
20 g Butter,
2 Eßl. Kräuter (Liebstöckel,
Salbei, Kresse, Petersilie).

Zubereitung:

Die Gemüsebrühe zum Kochen bringen und die fein gemahlene Hirse hineingeben, mit dem Schneebesen kräftig rühren, 15 Minuten leicht kochen lassen. Den frischen Tofu mit der Butter zerdrücken und geschmeidig rühren. Mit der Sojamilch in die heiße Suppe geben.
Die Kräuter mit der Schere fein schneiden, in die Suppe geben und durchziehen lassen.

Suppen

Möhrensuppe

a) als Heilsuppe
b) für den Mittagstisch

Zutaten a):

500 g biologisch angebaute Möhren,

Wasser,

3 g Vollmeersalz.

Zubereitung:

Möhren gründlich waschen, in Scheiben schneiden und in wenig Wasser auf „Mittelstufe" 25 Minuten kochen und durchsieben. Vollmeersalz hinzufügen. Diesen Möhrenbrei mit abgekochtem heißem Wasser auf 1 Liter auffüllen.

b) Suppe für den Mittagstisch

weitere Zutaten:

40 g Butter oder Diasan,

1 Zwiebel,

4 Eßl. Sahne,

2 Eßl. feingehackte Petersilie.

Zubereitung:

Suppe wie bei a) zubereiten. Gewürfelte Zwiebel in Fett andünsten und in die Suppe geben, mit Sahne verfeinern, Petersilie darüberstreuen.

Möhren
haben einen hohen Gehalt an Provitamin A, das der Körper zu eigenem Vitamin A umwandelt. Außerdem enthalten sie die Vitamine B_1, B_2, C und E und Pektine. Das Zusammenwirken dieser Substanzen hat eine heilende Wirkung im Magen-Darm-Bereich. Bei Durchfällen entsteht im Körper immer ein Wasser-Salz-Verlust. Dieses Defizit wird durch die Möhrensuppe ausgeglichen. Man trinkt sie lauwarm in kleinen Schlucken über den Tag verteilt.

Apfel-Curry-Suppe

Zutaten:

60 g Reis, fein gemahlen,

700 ml Gemüsebrühe,

300 ml Sojamilch,

3 Zwiebeln,

2 Äpfel,

40 g Butter,

2 Teel. Curry,

2 Lorbeerblätter,

1 Teel. Senfkeimlinge,

1 Teel. Zitronenmelisse.

Zubereitung:

Butter erhitzen und die gehackten Zwiebeln darin leicht andünsten, die geraspelten Äpfel, Curry und Lorbeerblätter dazugeben. Das Reismehl einrühren, mit Gemüsebrühe und Milch auffüllen und 15 Minuten kochen lassen.
Mit den übrigen Gewürzen leicht säuerlich abschmecken.

Tomatensuppe

Zutaten:

40 g Kokosfett,
1 große Zwiebel,
2 kleine Möhren,
¼ Sellerieknolle,
1 Stange Lauch,
4 Tomaten,
1 Knoblauchzehe,
1 Teel. Rosmarin,
1 Eßl. Schnittlauch,
1 l Gemüsebrühe
40 g Mais.

Zubereitung:

Die gehackte Zwiebel im heißen Kokosfett dünsten.
Alle kleingeschnittenen Gemüse hinzugeben, mit der Gemüsebrühe auffüllen und 10 Minuten kochen lassen. Mais fein mahlen, in Wasser anrühren und in die kochende Suppe geben, nochmals 10 Minuten kochen lassen. Knoblauch auspressen, Rosmarin und Schnittlauch fein schneiden, in die Suppe geben und durchziehen lassen.

Blumenkohlsuppe

Zutaten:

40 g Kokosfett,
40 g Mais,
1 Blumenkohl,
1 l Gemüsebrühe,
1 Lorbeerblatt,
½ Teel. Basilikum,
Petersilie,
Schnittlauch,
Estragon.

Zubereitung:

Mais fein mahlen und in heißem Kokosfett kurz rösten, mit der Brühe auffüllen, zum Kochen bringen, Lorbeerblatt hineingeben. Blumenkohl in kleine Röschen zerlegen und separat in Wasser 10 Minuten kochen. Aus dem Wasser nehmen.
Die Strunkteile des Blumenkohls werden in kleine Stücke geschnitten und in der Brühe noch 10 Minuten mitgekocht.
Dann gibt man die Röschen und die feingeschnittenen Kräuter hinzu und läßt alles noch einmal gut durchziehen.
Wenn keine Milchunverträglichkeit besteht, kann mit 4 Eßlöffeln Sahne verfeinert werden.

Spinatsuppe

Zutaten:

40 g Diasan oder Butter,
4 Zwiebeln,
1 Knoblauchzehe,
40 g Buchweizen,
700 ml Gemüsebrühe,
300 ml Sojamilch,
200 g Spinat (verlesen),
6 Pfefferminzblätter,
4 Eßl. Sauerrahm,
2 Eßl. Kräuter (Petersilie, Schnittlauch, Salbei).

Zubereitung:

Die Zwiebeln im heißen Fett dünsten, die gepreßte Knoblauchzehe dazugeben und mit der Gemüsebrühe auffüllen, 10 Minuten kochen lassen. Buchweizen fein mahlen, in etwas Flüssigkeit anrühren, in die kochende Gemüsebrühe geben und gut durchkochen lassen. Spinat hacken und mit der Sojamilch zur Suppe geben. Mit Sauerrahm abrühren, dann die feingehackten Kräuter hinzugeben und durchziehen lassen.

Suppen

Kerbelsuppe

Zutaten:

2 Eßl. Olivenöl,
2 Zwiebeln,
4 mittelgroße Kartoffeln,
2 Eßl. Soja-Vollwertmehl,
1 l Gemüsebrühe,
4 Eßl. Kerbel,
4 Eßl. Sahne oder Soja-
milch.

Zubereitung:

Im heißen Olivenöl die feingehackten Zwiebeln dünsten. Sojamehl hinzufügen, anschwitzen lassen, mit der Gemüsebrühe auffüllen und die in Würfel geschnittenen Kartoffeln hinzufügen.
Alles zusammen 10 Minuten kochen lassen, durchpassieren.
Mit Sahne oder Sojamilch abrühren, den feingeschnittenen Kerbel in die Suppe geben und gut durchziehen lassen.

Kräutersuppe

Zutaten:

70 g Buchweizen,
300 ml Sojamilch,
700 ml Gemüsebrühe,
4 Eßl. Sauerrahm,
3 Eßl. Kräuter (Liebstöckel,
Majoran, Schnittlauch),
Kümmel,
40 g Butter.

Zubereitung:

Die Gemüsebrühe zum Kochen bringen. Den feingemahlenen Buchweizen mit etwas Wasser anrühren und in die kochende Brühe geben, mit einem Schneebesen gut verschlagen und 15 Minuten kochen lassen. Dann die Sojamilch hinzugeben und nochmals durchkochen lassen. Die Suppe mit Sauerrahm abrühren.
Die Kräuter mit einer scharfen Schere fein schneiden und mit dem Kümmel in die Suppe geben, gut durchziehen lassen.

Die Butter in die Suppenschüssel geben und die heiße Suppe daraufgießen.

TIP: Mit einer Scheibe glutenfreiem Brot ist diese Suppe eine volle Mahlzeit.

Sojasuppe

Zutaten:

40 g Kokosfett oder Diasan,
70 g gelbe Sojabohnen,
1 Zwiebel,
1 Tomate,
1 l Gemüsebrühe,
Kümmel,
1 Eßl. feingeschnittenes
Bohnenkraut,
1 Eßl. Kresse.

Zubereitung:

Sojabohnen in der Getreidemühle fein mahlen.

Das Kokosfett erhitzen, die zerkleinerte Zwiebel anrösten, die in Würfel geschnittene Tomate hinzugeben, mit dem Soja-Vollwertmehl kurze Zeit in der Pfanne schwitzen lassen.

Mit Gemüsebrühe auffüllen und alles etwa 15 Minuten leicht kochen lassen.

Mit Kümmel, Bohnenkraut und Kresse abschmecken und durchziehen lassen. Man reiche zu dieser Suppe eine Scheibe glutenfreies Brot.

Gurkenkaltschale

(für die heißen Tage)

Zutaten:

2 Becher (500 g) fettarmer
Kefir,
1 Salatgurke (600–700 g),
5 reife, feste Tomaten,
1 Bd. Dill,
2 Eßl. Petersilie,
Saft einer Zitrone,
½ Teel. Honig,
Pfeffer aus der Mühle,
1 Knoblauchzehe (fein
gerieben),
4 Eßl. Kressesprossen.

Zubereitung:

Kefir mit Zitronensaft, fein geschnittenen Kräutern, Pfeffer, Honig und Knoblauch gut verrühren. Salatgurke und Tomaten in feine Scheiben schneiden und diese mit der Tunke übergießen, im Kühlschrank durchziehen lassen und vor dem Servieren mit Kressesprossen überstreuen.

Hauptgerichte – Gemüse

Das Garen der Gemüse in Wasser oder in Brühe ist die altüberlieferte Art der Gemüsezubereitung. Meist wurde das Gemüse noch mit Mehl gebunden. Bei dieser Zubereitungsart wurden Vitamine und Mineralstoffe weitestgehend zerstört, bzw. ausgelaugt. Das Gemüse wurde bei dieser Art der Zubereitung schwer verdaulich.

Wir kennen inzwischen das Dämpfen und Dünsten der Gemüse. Beide Methoden sind zwar weitaus besser als das Kochen, jedoch gehen bei jedem Garprozeß Vitalstoffe verloren, und die Inhaltsstoffe der Gemüse werden chemisch verändert, d. h. die natürliche Struktur wandelt sich. Nur im rohen Zustand, so, wie die Natur uns dieses wertvolle Lebensmittel zur Verfügung stellt, behält das Gemüse seinen vollen Wert und – richtig zubereitet – verdaut der Körper es auch besser.

Nun gibt es Situationen, in welchen vorübergehend die gegarte Gemüsespeise der Frischkost vorzuziehen ist, z. B. wenn der noch zahnlose Säugling sich allmählich an die Gemüsekost gewöhnen muß. Trotzdem sollte dem gedünsteten, pürierten Gemüse immer ein Anteil des rohen, pürierten Gemüses hinzugefügt werden. Auch im Alter können Kauprobleme auftauchen. Um in den Genuß möglichst vieler Vitalstoffe zu kommen, bietet sich feines Schneiden, Schaben oder das Zerkleinern im Mixer an. So bleiben alle wertvollen Stoffe erhalten.

Gedünsteter Chinakohl

Zutaten:

800 g Chinakohl,
20 g Diasan oder Butter,
½ l Gemüsebrühe,
1 Pr. Muskat,
Oregano,
2 Eßl. kaltgepreßtes Öl,
80 g Reibkäse (Gouda).

Zubereitung:

Den Kohl in etwa 2 cm große Stücke schneiden. Man gibt das Gemüse kurz in erhitztes Diasan, bzw. Butter, rührt um, füllt mit Gemüsebrühe auf, gibt Muskat und Oregano dazu und läßt den Kohl etwa 10 Minuten lang dünsten. Man schmeckt ab, rührt das kaltgepreßte Öl dazu, füllt das Gemüse in die Schüssel und überstreut mit dem Käse. Man kann den Kohl auch statt mit Käse mit einem hartgekochten, gehackten Ei überstreuen.

Anmerkung:

Nach diesem Rezept können auch andere Gemüsearten zubereitet werden, z. B. Blattspinat, Mangold oder Stielmus. Es empfiehlt sich weiterhin, viele frische Kräuter zu verwenden, die man über das gegarte Gemüse streut: Pfefferminzblätter oder auch ein wenig Salbei oder Bohnenkraut.

Mischgemüse

Zutaten:

40 g Diasan oder Kokosfett,
2 Zwiebeln,
200 g Sellerie,
200 g Möhren,
200 g Blumenkohl,
200 g frische Erbsen,
200 g Bohnen,
400 ml Gemüsebrühe,
3 Eßl. verschiedene Kräuter,
Frugola.

Zubereitung:

Die gehackten Zwiebeln im heißen Fett dünsten. Sellerie und Möhren in feine Scheiben bzw. in Stifte schneiden und den Blumenkohl in kleine Röschen zerteilen. Diese Gemüse und die Erbsen und Bohnen geben wir mit in den Topf, gießen die Gemüsebrühe dazu und lassen alles 10 Minuten dünsten. Nach Bedarf kann man noch etwas Frugola hineingeben. Zum Schluß streuen wir die gehackten Kräuter darüber.

Kohlrabi

Zutaten:

4 Kohlrabi,
40 g Kokosfett oder Butter,
2 Zwiebeln,
etwa 200 ml Gemüsebrühe,
4 Eßl. gehackte Kohlrabi-
blätter,
4 Eßl. Sahne oder
Sojamilch,
Dill, Petersilie,
etwas Rosmarin.

Zubereitung:
Kohlrabi in feine Streifen schneiden. Das Fett erhitzen, die gewürfelten Zwiebeln darin dünsten, die Kohlrabistifte und das Kohlrabigrün dazugeben, mit Gemüsebrühe auffüllen und das Gemüse etwa 15 Minuten darin dünsten lassen. Nach dem Garen abschmecken, mit Sahne oder Sojamilch abrühren, feingeschnittene Kräuter darüberstreuen.

Gefüllte Paprika

Zutaten:

4 rote Paprikaschoten,
120 g Vollreis (bereits
gegart),
4 Zwiebeln,
4 Teel. Olivenöl,
4 Eßl. Mungobohnen-
sprossen,
1 Eßl. Kressesprossen,
pikante Gemüsebrühe.

Zubereitung:
Die Paprikaschoten quer in der Mitte durchschneiden, so daß zwei „Körbchen" entstehen, innen von Kernen befreien und gut auswaschen.
Die gehackte Zwiebel in heißem Öl dünsten und mit dem gegarten Reis und den Sprossen vermischen. Mischung pikant abschmecken und in die halbierten Paprikaschoten füllen. Schoten in einen Topf stellen und mit so viel Gemüsebrühe auffüllen, daß sie zur Hälfte mit Brühe bedeckt sind. 15 – 20 Minuten dünsten.

Nach dem Garen kann man die Tunke mit saurer Sahne oder Sanoghurt abrühren. Wenn viel Flüssigkeit eingekocht ist, nehmen wir Buttermilch. Auch kann man Sojamilch mit 50 g Tofu verrühren und die Tunke damit binden. Im letzteren Fall gibt man eine Prise Vollmeersalz hinzu. Für dieses Gericht lassen sich gut Reisreste verwerten.

Blumenkohl, Chicorée oder Brokkoli mit Käsetunke

Zutaten:

1 kg Gemüse (Blumenkohl, Chicorée, Brokkoli),
Gemüsebrühe,
4 Eßl. Gouda,
1 Eßl. frische Kräuter.

Zubereitung:

Das vorbereitete Gemüse mit nur so viel Gemüsebrühe zum Kochen bringen, daß es nicht anbrennt; möglichst im eigenen Saft 10 Minuten dünsten lassen. 4 Eßlöffel geriebenen Gouda mit etwas Gemüsebrühe glattrühren und das Gemüse damit übergießen, mit 1 Eßlöffel frischer Kräuter überstreuen.

Feine Gemüseplatte

Zutaten:

400 g Möhren,
400 g frischer Spargel,
400 g Erbsen,
4 Teel. Sonnenblumenöl,
2 Eßl. Kartoffelessig
oder Molke,
etwas weißer Pfeffer
(aus der Mühle),
2 Eßl. Petersilie,
4 Eßl. Leinsamen-, Linsen-
oder Alfalfasprossen oder ein
Gemisch hieraus.

Zubereitung:

Möhren in etwa 2 cm dikke Scheiben schneiden, den Spargel halbieren. Die Gemüse werden in wenig Gemüsebrühe getrennt gegart und auf der erwärmten Gemüseplatte angerichtet. Aus Öl, Essig oder Molke, den Gewürzen und Petersilie bereitet man eine Tunke, übergießt damit das heiße Gemüse und garniert mit den Sprossen.

Gratinierter Porree

Zutaten:

600 g Porree,
80 g Emmentaler Käse,
4 Eßl. Mungobohnen-
sprossen,
wenig Gemüsebrühe.

Zubereitung:

Den Porree in etwa 3 cm große Stücke schneiden und mit wenig Brühe kurz vordünsten. Er darf nicht zu weich werden. Dann gibt man den Porree in eine ausgefettete Auflaufform, streut die Mungobohnensprossen darüber, überstreut das Ganze mit dem feingeraspelten Käse, gibt nur so viel Brühe hinzu, daß der Boden bedeckt ist, und läßt den Porree 15 Minuten auf 200°C, Mittelschiene, backen.

Serbisches Gurkengemüse

Zutaten:

1 Salatgurke,
400 g Tomaten,
4 Zwiebeln,
2 Eßl. Olivenöl,
250 g Kartoffeln,
etwas saure Sahne,
2 Eßl. Kartoffelessig,
½ Teel. weißer Pfeffer
aus der Mühle,
1 Pr. Rosenpaprika,
Oregano, Dill, Estragon,
Basilikum, Schnittlauch.

Zubereitung:

Gurke schälen, der Länge nach halbieren und in Würfel schneiden. Die Tomaten in kochendes Wasser legen, enthäuten, in Viertel schneiden. Das Öl erhitzen und die Zwiebelwürfel darin dünsten. Das vorbereitete Gemüse und die in Würfel geschnittenen Kartoffeln zu den Zwiebeln geben und alles etwa 10 Minuten dünsten. Man gibt nur wenig Gemüsebrühe hinzu, so daß es im eigenen Saft garen kann.

Danach geben wir den Essig, die saure Sahne hinzu und schmecken mit den Gewürzen ab. Die fein geschnittenen Kräuter streuen wir zum Schluß über das Gemüse.

Schwarzwurzelgemüse

Zutaten:

600 g Schwarzwurzeln,
½ l Gemüsebrühe,
40 g Soja-Vollwertmehl,
2 Eßl. Sauerkrautsaft,
etwas Muskat,
20 g Butter,
Petersilie, Thymian, Salbei,
Estragon.

Zubereitung:

Die geschälten und in 2 cm lange Stückchen geschnittenen Schwarzwurzeln in etwas Gemüsebrühe etwa 15 Minuten dünsten, dann aus der Brühe nehmen. Brühe mit dem Sojamehl andicken, etwa 10 Minuten köcheln lassen, pikant abschmecken, mit der Butter verfeinern und die Schwarzwurzelstücke wieder hineingeben. Die gehackten Kräuter darüberstreuen. Möchte man einen milden Geschmack, kann man die Tunke mit ein wenig süßer Sahne abrühren.

Anmerkung:

Auf die gleiche Weise kann Spargel, Fenchel, Blumenkohl und Kürbis gegart und angerichtet werden.

Gemüsepfanne mit gekeimten Hülsenfrüchten

Zutaten:

250 g verschiedene Hülsenfruchtsprossen (Kichererbsen, Linsen, Sojabohnen),
500 g Gemüse der Saison,
z. B. Porree, Karotten,
Kohlrabi, Erbsen,
2 Eßl. Öl,
1 Zwiebel,
1 Teel. Frugola,
1 Knoblauchzehe,
Curry, Cayennepfeffer,
4 Eßl. frische Kräuter.

Zubereitung:

Die Hülsenfruchtsprossen kurz mit heißem Wasser übergießen und abtropfen lassen. Die Gemüse je nach Art würfeln, in Scheiben oder Ringe schneiden. Die Knoblauchzehe pressen, Kräuter mit einer scharfen Schere fein schneiden.

Das Öl in der Pfanne erhitzen, die gewürfelte Zwiebel darin rösten und nach und nach das vorbereitete Gemüse dazugeben. Man gibt nur ganz wenig Wasser hinzu und läßt das Gemüse im eigenen Saft ein wenig dünsten, es muß noch „Biß" haben. Mit Frugola wird abgeschmeckt, die übrigen Gewürze hinzugegeben und umgerührt. Nun gibt man die Sprossen hinzu, und zum Schluß die Kräuter. Zuletzt wird nochmals abgeschmeckt.

Gegrillte Tomaten

Zutaten:

pro Person eine reife, mittelgroße, feste Tomate,
Vollmeersalz,
Pfeffer,
Kräuterbutter,
1 Eßl. saure Sahne.

Zubereitung:

Tomaten an der Oberseite kreuzweise einschneiden und mit dem Einschnitt nach oben auf ein quadratisches Stück Alufolie setzen. Mit Vollmeersalz und Pfeffer bestreuen und mit Kräuterbutterflöckchen belegen. Folie oben lose verschließen und auf dem Rost ca. 10 Minuten garen. Folie öffnen und einen Löffel saure Sahne daraufgeben.

Hauptgerichte – Gemüse

Pikantes Pfannengericht

Zutaten:

1 Zucchini,
½ weißer Rettich,
2 Zwiebeln,
4 Eßl. Olivenöl oder Kokosfett,
3 Eßl. Mungobohnen- keimlinge
3 Eßl. Linsenkeimlinge,
4 Eßl. saure Sahne oder Sojamilch,
Kresse, Petersilie und Schnittlauch.

Zubereitung:

Zucchini in Scheiben schneiden, Rettich grob raspeln. Fett in der Pfanne erhitzen und die gehackten Zwiebeln und Zucchini dünsten. Mungobohnen- und Linsenkeimlinge zum Schluß unterrühren. Dann saure Sahne, Rettich und Kräuter hinzugeben.

Kressetomaten

Zutaten:

8 feste Fleischtomaten,
3 Tassen Naturreis,
1 Zwiebel,
60 g Tofu (weich),
3 Handvoll Brunnenkresse oder
3 Eßl. Kressekeimlinge,
Olivenöl,
7 Tassen Wasser,
1 Gemüsebrühwürfel,
1 Knoblauchzehe,
Frugola,
1 Lorbeerblatt,
Pfeffer,
Parmesankäse.

Zubereitung:

Die Zwiebel kleinhacken. Den Reis unter fließendem Wasser abwaschen und abtropfen lassen. 1 Eßlöffel Olivenöl in einem Topf erhitzen, die Zwiebel darin glasig dünsten, den Reis dazugeben, leicht anrösten und mit Wasser auffüllen. Mit dem Gemüsebrühwürfel und einem Lorbeerblatt den Reis fast weich dünsten.

In der Zwischenzeit die Tomaten waschen, einen Deckel abschneiden und mit einem Löffel Kerne und Fruchtfleisch heraus-schaben. Das Fruchtfleisch samt dem Deckel zerkleinern und zu dem Reis geben.

Den Backofen auf 200°C vorheizen.

Die Brunnenkresse gründlich waschen, abtropfen lassen und die Blätter von den Stengeln zupfen. Kressekeimlinge brauchen nicht gewaschen werden.

Eine flache Auflaufform mit 1 Eßlöffel Öl einfetten.

Tofu, Knoblauch, Kresse in den fertigen Reis geben, gut durchrühren und mit Pfeffer abschmecken. Die ausgehöhlten Tomaten mit dem Reis füllen, mit Parmesan bestreuen und mit ein paar Tropfen Öl beträufeln. In der gefetteten Auflaufform auf mittlerer Schiene des Backofens etwa 45 Minuten backen.

Sauerkrautauflauf

Zutaten:

800 g Sauerkraut,
4 Lorbeerblätter,
1 Teel. Kümmel
½ l Gemüsebrühe,
300 g Tofu,
200 g gehackte Zwiebeln,
40 g Kokosfett,
1 Rezept Kartoffelpüree
(Seite 146).

Zubereitung:

Sauerkraut in der Brühe und den Gewürzen 10 Minuten dünsten. Tofu in Würfel schneiden. Zwiebeln und Tofu zusammen im Fett anschmoren. In eine Auflaufform Sauerkraut, Tofu und Zwiebeln einfüllen und als oberste Lage Kartoffelbrei schichten.
Im heißen Ofen bei ca. 200°C 10 – 15 Minuten backen.

TIP: Die Lorbeerblätter werden nach dem Garen des Sauerkrauts herausgenommen und nochmals verwendet.

Apfel-Quark-Auflauf

Zutaten:

750 g Äpfel,
Saft einer Zitrone,
4 Eier,
1 Eßl. Honig,
600 g mageren Speisequark,
60 g Mais
2 gestr. Teel. Weinsteinbackpulver,
40 g geschroteten Leinsamen
(hiervon 1 Eßl. zum Bestreuen),
60 g Butter,
3 Eßl. Paniermehl von glutenfreiem Vollwertbrot,
2 Eßl. Öl zum Ausstreichen der Form.

Zubereitung:

Äpfel schälen, in feine Scheiben schneiden und mit Zitronensaft vermischen. Eier trennen, Eigelb mit Honig und Quark schaumig rühren. Mais in der Getreidemühle mittelgrob schroten, mit Backpulver vermischen. Den Maisgrieß und den Leinsamen unterrühren. Zum Schluß den steifgeschlagenen Eischnee und die Äpfel locker unterziehen. Eine Auflaufform mit Öl ausstreichen und mit Paniermehl ausstreuen. Die Masse in die Form füllen, glattstreichen, mit Butterflöckchen und 1 Eßlöffel Leinsamen belegen und in den Backofen stellen.
Bei 200°C etwa 30 Minuten backen.
Dieses Gericht eignet sich auch als Mittagsmahlzeit.

Kürbisauflauf

Zutaten:

1 kg Kürbisfruchtfleisch,
100 g Butter,
1 Ei,
1 Eßl. Soja-Vollwertmehl,
50 g Honig,
200 g Kokosraspeln,
150–200 g Buchweizen,
Vollmeersalz,
1 Teel. Zimt,
2 Eßl. Kartoffelessig,
Kokosraspeln zum
Bestreuen,
Butterflöckchen.

Zubereitung:

Den Kürbis schälen, die Kerne entfernen, das Fruchtfleisch würfeln und in etwas Salzwasser etwa 10 Minuten weich dünsten. Anschließend pürieren. Die Butter mit dem Honig, dem Ei und dem Sojamehl schaumig rühren. Die Kokosraspeln, das pürierte Kürbisfleisch und den frisch gemahlenen Buchweizen damit verrühren, und das Ganze mit Salz, Zimt und Kartoffelessig abschmecken. Die Masse in eine gefettete Auflaufform füllen, glattstreichen, mit den Kokosraspeln und den Butterflöckchen überstreuen. Auf die mittlere Leiste in den kalten Backofen schieben und bei 200°C etwa 30 – 40 Minuten bakken. Die Oberfläche sollte leicht braun sein.

Porree-Eintopf

Zutaten:

500 g Porree,
500 g Kartoffeln,
4 Tomaten,
½ l Gemüsebrühe,
Basilikum, Thymian,
Majoran, Petersilie,
weißer Pfeffer,
40 g Kokosfett oder
Olivenöl,
Petersilie.

Zubereitung:

Porree gründlich waschen, in ca. 2 cm lange Stücke schneiden und in Fett andünsten. Tomaten in kochendes Wasser geben, enthäuten, in kleine Stücke schneiden und zum Porree geben. Kartoffeln in kleine Würfel schneiden, mit dem Porree in die Gemüsebrühe geben. Man läßt alles gar kochen und gibt zu Porree, Tomaten, Kartoffeln die feingehackten Kräuter, schmeckt mit Pfeffer ab und streut feingehackte Petersilie auf die Suppe.

Noch besser ist es, wenn man die Kartoffeln als Schalenkartoffeln kocht, schält, in kleine Würfel schneidet und zum Schluß in den Eintopf gibt.

Westfälisches Blindhuhn

Zutaten:

200 g weiße Bohnen,
1½ l Wasser,
200 g grüne Bohnen,
etwas Gemüsebrühe,
200 g Tofu,
2 Zwiebeln,
etwas Kokosfett oder
Olivenöl,
2 große Möhren,
200 g Kartoffeln,
1 roter Apfel,
3 saftige Birnen,
1 Teel. Majoran,
sehr fein gehackt,
etwas weißer Pfeffer.

Zubereitung:

Bohnen über Nacht einweichen. Im Einweichwasser ¼ Stunde kochen, in der Spar-Gar-Box weitere 30 Minuten ausquellen lassen.
Die grünen Bohnen in etwas Gemüsebrühe ½ Stunde lang dünsten.
Tofu, Zwiebeln, Möhren und Kartoffeln in kleine Würfel schneiden. Tofu und Zwiebeln separat in einer Pfanne rösten, hierzu nimmt man etwas Olivenöl oder Kokosfett. Möhren, Kartoffeln, weiße Bohnen, grüne Bohnen, Tofu mit Zwiebeln miteinander vermengen und nochmals 10 Minuten leicht kochen lassen, bis die Kartoffeln und Möhren gar sind. Dann erst kleingeschnittene Äpfel und Birnen hinzufügen, einmal gut aufkochen lassen, mit Majoran und Gewürzen abschmecken.

Stielmus-Eintopf

Zutaten:

400 g Stielmus,
200 g Tofu,
20 g Olivenöl,
200 g Kartoffeln,
¼ l Gemüsebrühe,
Basilikum, Thymian, Dill,
Oregano,
Petersilie.

Zubereitung:

Kartoffeln in der Schale kochen, abkühlen lassen, schälen und in kleine Würfel schneiden.
Vom Gemüse die Blätter entfernen, die Stiele waschen, kleinschneiden. Tofu in kleine Würfel schneiden, in heißem Fett anbraten, Stielmus dazugeben und dünsten lassen.
Mit der Brühe auffüllen und 45 Minuten kochen lassen. Die kleinen Blätter vom Stielmus fein hacken und hinzugeben, einmal aufkochen lassen. Alles mit den kleingeschnittenen Kartoffeln und den feingehackten Kräutern vermischen, gut durchziehen lassen, abschmecken und mit feingehackter Petersilie bestreuen.

Getreidegerichte

Das Ausquellen von Getreide und Hülsenfrüchten

Der Topf der Gar-Spar-Box ist aus Edelstahl, rostfrei, mit einem Kupfer-Planboden. In diesem Topf bereitet man die jeweilige Speise vor, kocht sie kurz nach Zeitplan und gart sie dann oder läßt sie in dieser modernen kleinen Kochkiste nachquellen. Welche Vorteile hat nun dieses Garen und Ausquellen? Wie oft schon erwähnt, werden in unserer gesunden Vollwertkost die Getreide- und Hülsenfruchtspeisen, welche die Basis unserer Ernährung sein sollen, nur kurze Zeit auf der Herdplatte (meist auf Quellstufe) vorgekocht und dann auf dieser niedrigen Quellstufe gegart und ausgequollen. Hier haben wir nur ganz geringe Nährwertverluste wegen der außerordentlich niedrigen Temperatur beim Ankochen und Ausquellen. Ganz im Gegensatz zum Dampfdrucktopf, bei dem im allgemeinen sehr hohe Temperaturen erreicht werden.

Durch das sanfte Ausquellen werden Körner und Hülsenfrüchte leicht verdaulich, auch für den empfindlichen Magen des Säuglings und Kleinkindes. Von Fall zu Fall wird man noch den ausgequollenen Körner- oder Hülsenfruchtbrei durchpassieren.

Wir erreichen durch diese Art des Garens nicht nur eine bemerkenswerte Nährstofferhaltung, sondern auch eine erhebliche Arbeitsentlastung und Stromersparnis. Es entwickeln sich keine Gerüche in der Küche, und der Herd bleibt sauber. Während der Quellzeit kann man seiner übrigen Arbeit nachgehen und braucht nicht zu befürchten, daß das Kleinkind evtl. den heißen Topf vom Herd zieht. Und für den, der später zum Essen kommt, kann man nach Entnahme seiner Portion den Topf wieder in die Box stellen. Im Sommer hält man in ihr kalte Speisen kühl.

Die Ankochzeit gilt vom ersten Aufwallen des Kochgutes an, danach wird das Kochgut mit Deckel in die Box gestellt. Die Garzeiten sind insgesamt länger als auf der Kochstelle.

Die Kocherfahrungen muß jeder selbst sammeln. Ich empfehle, sich ein Heft zuzulegen, wie beim Zusammenstellen der Brotrezepte, und die Erfahrungen aufzuschreiben.

Hier nun einige Beispiele für das Garen in der Spar-Gar-Box

	Quelldauer auf dem Herd **mit Energie**	Quelldauer in der Spar-Gar-Box **ohne Energie**
Eintopf aus Erbsen-Bohnen-Linsen	ca. 20 Min.	100 Min.
	Stromersparnis: ca. 83%	
Gemüse-Eintopf	ca. 10 Min.	ca. 20 Min.
	Stromersparnis: ca. 64%	
Buchweizen, Hirse	ca. 7 Min.	ca. 30 Min.
	Stromersparnis: ca. 64%	
Reis	ca. 14 Min.	ca. 50 Min.
	Stromersparnis: ca. 78%	
Pellkartoffeln	10–12 Min.	ca. 40 Min.
Weiß-/Rotkohl, Wirsing	20 Min.	ca. 50 Min.
Blumenkohl	10 Min.	30 Min.
Grünkohl	25 Min.	60 min.

Getreidegerichte

Quellreis – Grundrezept

Zutaten:

250 g oder 2 Tassen Naturreis,
4 Tassen pikante Gemüsebrühe.

Zubereitung:

Die Gemüsebrühe zum Kochen bringen, den gewaschenen Reis hineinschütten, den Deckel fest schließen und den Reis auf Schaltstufe 1 etwa 30 Minuten ausquellen lassen, bis die Flüssigkeit völlig aufgenommen ist.
Dieses Grundrezept läßt sich beliebig variieren, je nachdem, welche Zutaten wir wählen.

Anmerkung:
Vollreis muß vor dem Kochen im Sieb unter fließendem Wasser gut gewaschen werden!

Milchreis

Zutaten:

250 g oder 2 Tassen Naturreis,
4 Tassen Sojamilch.

Zubereitung:

wie Quellreis.
Man kann diese Quellreismethode auch bei Milchreis anwenden. In unserem Fall auch mit Sojamilch. Da aber Sojamilch auch bei kleiner Hitzezufuhr schnell überkocht, ist es ratsam, den Milchreis auf dem Herd nur 10 Minuten ohne Deckel leicht köcheln zu lassen und dann in der Gar-Box ausquellen zu lassen.

Risotto – Grundrezept

Bei diesem Rezept wird der rohe Reis in heißem Fett angedünstet, eine Zubereitung, die die Italiener besonders schätzen.

Zutaten:

250 g oder 2 Tassen Vollreis,
2 Eßl. Öl oder Kokosfett,
1 Zwiebel,
4 Tassen Brühe oder Wasser.

Zubereitung:

Die Zwiebel in feine Würfel schneiden und in einer Kasserolle in heißem Fett andünsten. Den Reis dazuschütten und unter Rühren glasig werden lassen. Mit kochender Brühe oder Wasser auffüllen. Den Deckel fest verschließen und den Reis ca. 20 Minuten bei schwacher Hitze ziehen lassen, dann in der Gar-Box 50 Minuten ausquellen lassen.
Dieses Grundrezept kann durch viele Zutaten interessant angereichert werden.

Kichererbsenreis

Zutaten:

2 Tassen Reis,
5 Tassen Gemüsebrühe,
2 Tassen Kichererbsen-
sprossen,
1 Eßl. Petersilie,
1 Tomate,
1 Teel. kaltgepreßtes Öl,
1 Eßl. Kartoffelessig,
3 Eßl. Sojamilch.

Zubereitung:

Gemüsebrühe zum Ko-
chen bringen, den Reis
hineingeben und 10 Mi-
nuten kochen, dann in der
Gar-Box 25 Minuten aus-
quellen lassen.
Die Kichererbsenspros-
sen kurz abspülen und
zum Reis geben und 5 Mi-
nuten mit durchziehen
lassen.
Die Tomate in Scheiben
schneiden und mit der
Petersilie, dem Öl und
dem Kartoffelessig zum
Gericht geben, gut unter-
heben.
Falls der Reis zu trocken
ist, 3 Eßlöffel Sojamilch
einrühren.

Hirseauflauf

Zutaten:

2 Eßl. Olivenöl,
1 kleine Zwiebel,
200 g Hirse,
½ l Gemüsebrühe,
1 Lorbeerblatt,
200 g frische Champignons,
200 g frische Erbsen,
1 Knoblauchzehe (zer-
drückt),
20 g Soja-Vollwertmehl,
2 Eier,
2 Eßl. Kichererbsensprossen,
3 Eßl. Wasser,
Muskat,
80 g geriebener Käse,
1 Eßl. frische Kräuter,
Oregano.

Zubereitung:

Im heißen Olivenöl die
feingehackte Zwiebel und
die Hirse anrösten, mit
der Gemüsebrühe auffül-
len, abschmecken und zu-
sammen mit dem Lor-
beerblatt ca. 15 Minuten
kochen und quellen las-
sen. Danach die Hirse mit
den Pilzen, den Erbsen
und dem Knoblauch ver-
rühren, das angerührte
Soja-Vollwertmehl hin-
eingeben und alles noch
einmal durchkochen las-
sen, mit Muskat und Ore-
gano abschmecken.
Die Eier verquirlen, die
Kichererbsensprossen so-
wie die frischen Kräuter
hinzugeben und über die
Gemüsehirse gießen, alles
gut vermengen. Die Hir-
semasse gibt man in eine
gefettete Auflaufform,
streut den Käse darüber
und backt auf der Mittel-
schiene etwa 20 Minuten
bei 200–220°C. Die
Oberfläche muß schön
braun sein. Man reicht einen Salatteller dazu.

Hirseroulade

Zutaten:

1 großer Weißkohl,
½ l Wasser,
125 g Hirse,
⅜ l Wasser,
½ Eßl. Frugola,
3 Lorbeerblätter,
1 große Zwiebel,
1 Eßl. Diasan oder Butter,
100 g Tartex,
Paprika, Cayennepfeffer,
Vitam-R-Paste,
etwas Vollwertmehl,
Oregano.

Zubereitung:

Aus einem flachen, nicht zu festen Weißkohl den Strunk tief herausschneiden.
12 Außenblätter ablösen und 10 Minuten in ½ l Wasser dämpfen. Den Rest des Kohlkopfes für Krautsalat verwenden. Bei sehr festem Kraut legt man den ganzen Kopf 5 Minuten in kochendes Wasser. Die Blätter lassen sich dann leicht ablösen, das Innere kann allerdings nicht mehr als Rohkost verwendet werden.

Inzwischen die Hirse mit ⅜ l Wasser, Frugola und Lorbeerblättern 5 Minuten leise kochen und nach dem Abschalten noch 10 Minuten quellen lassen (20 Minuten Gar-Box).

Die gehackte Zwiebel in Diasan oder Butter hellgelb rösten und dann mit 2–3 Eßlöffeln Kohlwasser bei geschlossenem Topf dünsten. Die Zwiebelmasse mit dem Tartex unter die Hirse mengen. Sehr pikant würzen mit Paprika, Cayennepfeffer, Vitam-R-Paste.

Je drei Kohlblätter aufeinanderlegen, die Hirsemasse mit einem Löffel abstechen, auflegen und einrollen.

Im Dämpftopf – oder in einer feuerfesten Form – werden die Rouladen dicht aneinandergelegt und in leicht gesalzenem Kohlwasser 20 Minuten gedämpft. Sie sollen nur bis zur Hälfte im Wasser liegen. Nach Belieben kann man die Rouladen vor dem Dämpfen in Diasan leicht anbraten.

Die Brühe mit etwas Vollwertmehl (glutenfrei) andicken und mit Oregano abschmecken.

Veränderung: Statt Weißkohl kann zur Abwechslung auch Wirsing genommen werden.

Für die Füllung: statt Hirse eine Reismasse.

Hirsebratlinge

Zutaten:

125 g Hirse,

⅜ l Wasser,

1 mittelgroße Zwiebel,

2 Lorbeerblätter,

1 Eßl. Frugola,

1 Ei,

2 Eßl. Soja-Vollwertmehl,

3 Eßl. Wasser,

*2 Eßl. glutenfreie Semmel-
brösel,*

weißer gemahlener Pfeffer,

1 Msp. Oregano,

Paprika,

Majoran,

Olivenöl.

Zubereitung:

Hirse fein mahlen, mit der gewürfelten Zwiebel, den Lorbeerblättern und Frugola in ⅜ Liter Wasser zum Kochen bringen, öfter umrühren und etwa 10 Minuten auf kleiner Stufe quellen lassen, immer wieder umrühren. Das Soja-Vollwertmehl kalt anrühren, in die Hirse geben, kurz mitkochen

lassen. Das Ei und die Gewürze geben wir hinzu, rühren gut durch und formen kleine flache Bällchen, in Brösel wälzen und im heißen Öl ausbacken.
Als Beilage wählen wir einen Salat aus verschiedenen Gemüsen oder – wem die andere Geschmacksrichtung gefällt – einen Obstsalat.

Pikante Hirse vom Blech mit Tomaten und Mungobohnensprossen

Zutaten:

*750 g Hirse (am Vortag ge-
kocht und ausgequollen aus
200 g Hirse, ¾ l Wasser),*

2 Eier,

*2 Eßl. Vollwertmehl
(Mais/Soja),*

*1 Stange Lauch oder
2 Zwiebeln,*

2 Eßl. Olivenöl,

Thymian, Vollmeersalz,

Pfeffer.

Für den Belag:

60 g Möhren, geraspelt,

*8 kleine feste Tomaten,
enthäutet und in Scheiben
geschnitten,*

60 g geriebener Gouda.

Für die Tunke:

1 Becher saure Sahne,

1 Becher Kefir,

1 Ei,

etwas Kräutersalz,

1 Msp. Pfeffer.

Zubereitung:

Hirse mit Eiern und glutenfreiem Vollwertmehl zu einer weichen Teigmasse verrühren. Kleingehackten Lauch oder Zwiebeln im heißen Olivenöl andünsten. Etwas Vollmeersalz, Thymian und Pfeffer hinzufügen und den Lauch zur Hirse geben.

Aus Ei, Kefir, saurer Sahne, Kräutersalz und Pfeffer eine Tunke zubereiten. Ein Blech gut fetten und den Hirsebrei darauf verteilen und flachdrücken, den Rand hochziehen.

Im vorgeheizten Ofen bei 180° C auf der Mittelschiene 15 Minuten vorbacken. Danach herausnehmen und die Hirseplatte mit grob geraspelten Möhren und feingeschnittenen Tomatenscheiben belegen, mit der Tunke übergießen und mit Goudakäse bestreuen.

Das Blech schiebt man nochmals in den Backofen und backt 20 Minuten.

Es ist ein vorzügliches Abendgericht, vor allem, wenn man es mit grünem Blattsalat serviert.

Hirseküchlein

Zutaten:

125 g Hirse,
½ l Wasser,
1 mittelgroße Zwiebel,
2 Lorbeerblätter,
1 Teel. Frugola,
60 g weicher Tofu,
3 Eßl. Sojamilch,
1 Ei,
1 Eßl. Soja-Vollwertmehl,
4 Eßl. Semmelbrösel
(aus glutenfreiem Brot),
Paprika, Petersilie,
Majoran, Basilikum,
½ Teel. Vollmeersalz,
Olivenöl.

Zubereitung:

Hirse in ½ Liter Wasser mit der gehackten Zwiebel, den Lorbeerblättern und Frugola 10 Minuten köcheln und in der Box weitere 15 Minuten ausquellen lassen.

Tofu mit Ei, Sojamehl und Sojamilch gut verrühren, dann 2 Eßlöffel Semmelbrösel zufügen und alles zur Hirse geben. Sollte der Teig zu fest sein, etwas Sojamilch nachgeben.

Mit Vollmeersalz und Paprika abschmecken, die feingewiegten Kräuter hinzugeben, flache Bällchen formen. Man wälzt sie kurz in 2 Eßlöffeln glutenfreien Semmelbröseln und backt sie in Olivenöl aus. Die Bällchen sollen eine goldgelbe Farbe haben.

In Verbindung mit einem herzhaften Acker- oder Feldsalat (siehe Salatrezepte) ergibt dieses Gericht ein schmackhaftes Mittag- oder Abendessen.

Körnereintopf

Zutaten:

60 g Reis,
60 g Hirse,
60 g Buchweizen,
½ l Wasser,
1 l Gemüsebrühe,
200 g Porree,
100 g Wirsing,
200 g Möhren,
200 g Blumenkohl,
200 g Kartoffeln,
1 kleine Zwiebel,
1 Eßl. Olivenöl,
1 Teel. Frugola,
2 Eßl. Kräuter (Dill, Estragon, Petersilie, Majoran),
2 Eßl. Soja-Vollwertmehl.

Zubereitung:

Die Körner nach dem Waschen am Abend vorher in ½ Liter Wasser einweichen. Am nächsten Tag gibt man 1 Liter Gemüsebrühe hinzu und läßt die Körner 10 Minuten kochen und 5 Minuten quellen.

In der Zwischenzeit bereitet man die Gemüse vor: Porree in feine Streifen, Möhren in feine Scheiben schneiden. Den Wirsing fein raspeln, den Blumenkohl in Röschen zerlegen und die sehr dünn geschälten Kartoffeln in feine Scheiben schneiden. Die Zwiebel im heißen Öl kurz rösten.

Man gibt nun das Gemüse mit 1 Teelöffel Frugola zum Körnergemisch und läßt weitere 10 Minuten leicht kochen, evtl. muß man noch etwas Wasser nachgeben.

Das Sojamehl wird in kaltem Wasser angerührt und in den noch kochenden Eintopf gegeben. Man läßt es noch kurz mit durchkochen. Zuletzt streut man die feingeschnittenen Kräuter hinein und schmeckt den Eintopf ab.

Maispfannkuchen mit Buttermilch

Zutaten:

200 g Mais,
2 gehäufte Eßl. Buchweizen,
½ Teel. Vollmeersalz,
1 Teel. Weinsteinbackpulver,
2 Eier,
½ l Buttermilch oder Sojamilch,
Saft ½ Zitrone,
6–8 Eßl. Olivenöl, Kokosfett oder Diasan zum Ausbacken.

Zubereitung:

Mais und Buchweizen fein mahlen. Maismehl, Buchweizenmehl, Weinsteinbackpulver und Vollmeersalz gut miteinander vermischen.

Die Eier schaumig schlagen und nach und nach abwechselnd die Mehlmischung und die Butter- oder Sojamilch sowie den Zitronensaft zufügen.

Der Teig darf nicht zu dünn sein, dann kann man etwas Mehl nachgeben. Der Teig darf aber auch nicht zu dick sein, dann rührt man etwas Flüssigkeit nach. Am besten macht man zunächst eine Backprobe mit etwas angerührtem Teig.

Im heißen Fett werden die Maispfannkuchen ausgebacken.

Wie bei allem, was in der Pfanne ausgebacken wird, empfiehlt es sich, unmittelbar nach dem Backen die Pfannkuchen auf einem Pergamentpapier abtropfen zu lassen.

Man reicht Obstsalat aus frischen Früchten dazu.

Polenta

Zutaten:

¾ l Wasser,

1 Teel. Vollmeersalz,

1 Teel. Honig,

250–300 g Mais

Zubereitung:

Mais fein mahlen. Das Salzwasser zum Kochen bringen und das Maismehl einstreuen. Öfter umrühren und ca. 20 Minuten ausquellen lassen. Vorsicht, daß der Brei nicht anbrennt! Honig einrühren.

Als Beilage zu Gemüsegerichten.

Je nach Hauptgericht kann man die Polenta mit geriebenem Käse, Butterflöckchen oder frisch gehackten Kräutern bestreuen. Auch mit Kompott und eingeweichtem Trokkenobst ist sie sehr beliebt.

Kartoffelauflauf

Zutaten:

10 mittelgroße Kartoffeln,
4 große Tomaten,
2 grüne Paprikaschoten,
1 Kohlrabi,
3 junge Möhren,
3 Schalotten mitsamt
ihrem Grün,
½ Zwiebel,
2 Eßl. Diasan oder Butter,
150 ml Gemüsebrühe,
3 Eßl. Kräuter (Kresse, Dill,
Petersilie, Majoran).

Für die Tunke:
½ Teel. Oregano,
2 Eier,
1 Becher saure Sahne und
5 Eßl. süße Sahne,
ersatzweise 50 g Tofu
mit 150 ml Sojamilch
sämig gerührt,
2–3 Eßl. Kartoffelessig,
1 Knoblauchzehe (fein
zerrieben),
1 Eßl. Tomatenmark,
200 g Goudakäse,
Butterflöckchen.

Zubereitung:

Die gedämpften Schalenkartoffeln schälen und in feine Scheiben schneiden. Die Tomaten kurz in kochendes Wasser legen und enthäuten. Paprikaschoten halbieren und die Kerne entfernen. Tomaten in Scheiben, Paprikaschoten und Kohlrabi in feine Streifen schneiden. Möhren und Schalotten ebenfalls in feine Scheiben schneiden. Das Schalottengrün wird grob gehackt. Die Zwiebel wird gewürfelt. Kräuter mit der scharfen Schere fein schneiden und bis zur Verwendung abdecken. Diasan im Topf erhitzen, Zwiebel und Schalotten darin andünsten und nach und nach das Gemüse in den Topf geben, zuletzt die Tomaten. Man schwitzt alles kurz an und gibt dann nur so viel Gemüsebrühe hinzu, daß das Gemüse nicht anbrennt. Jetzt läßt man es 10 Minuten dünsten.

Zubereitung der Tunke:

Die Eier gut verschlagen, saure und süße Sahne bzw. Sojamilch/Tofu hinzugeben und gut verrühren. Kartoffelessig, Knoblauch, Tomatenmark, die Hälfte der Kräuter dazugeben, mit Oregano abschmecken.

Eine ausgefettete Auflaufform wird mit einer Lage Kartoffelscheiben beschichtet, darauf füllen wir das gedünstete Gemüse, die Hälfte der Küchenkräuter und die Hälfte der Tunke, hierauf folgt die zweite Lage Kartoffelscheiben und darauf so viel Tunke, daß ¼ der Gesamtmenge übrigbleibt. Diesen Rest gibt man zu dem grünen Salat, den man zu diesem Auflauf serviert. Als letzte Schicht den geriebenen Gouda aufstreuen. Außerdem setzen wir ein paar Butterflöckchen obenauf. Der Herd muß 10 Minuten auf 225° C vorgeheizt werden. Man schiebt den Auflauf auf die Mittelschiene bei umgekehrtem Rost und backt ca. ½ Stunde bei 225° C und etwa 20 Minuten bei 200° C. Sollte die Kruste nicht braun genug sein, stellt man den Auflauf die letzten 5 Minuten eine Schiene höher. Man reicht grünen Salat dazu.

143

Kartoffelgerichte

Kartoffelpuffer – Grundrezept

Zutaten:

1 kg Kartoffeln (mehlige Sorte),
2 kleine Eier,
2–3 Eßl. süße Sahne oder Sojamilch,
Vollmeersalz,
etwas weißer Pfeffer.

Zum Ausbacken:
Diasan, Kokosfett oder Olivenöl.

Zubereitung:

Die Kartoffeln dünn schälen, nicht zu fein reiben, mit den restlichen Zutaten vermengen. Das Fett erhitzen und löffelweise den Kartoffelteig ausbacken. Kartoffelpuffer immer in heißes Fett geben und so flach wie möglich backen. Die Kartoffelpuffer nach dem Backen auf Pergamentpapier legen und sie auf diese Weise entfetten.

TIP: Die Speise gelingt nicht mit jungen Kartoffeln. Kartoffelpuffer müssen sofort serviert werden, da sie durch langes Liegen und Erkalten schwer verdaulich werden.

Variationen aus dem Grundteig der Kartoffelpuffer

Möhren:
500 g Möhren reiben und dem Grundteig zufügen, mit gemahlenem Kümmel abschmecken.

Zwiebeln:
3 mittelgroße Zwiebeln fein hacken, mit 2 Eßlöffeln fein geschnittenem Kerbel und 3 Eßlöffeln gehackter Petersilie in den Grundteig rühren.

Rote Bete:
300 g rote Bete roh reiben und mit dem Saft einer Zitrone in die Kartoffelmasse einrühren.

Blattspinat, Mangold oder Stielmus:
jeweils 200 g fein schneiden und der Kartoffelmasse hinzufügen.

TIP: Diese Kartoffelpuffer oder Reibekuchen sind durch die unterschiedlichen Zutaten mit Vitalstoffen angereichert und ergeben auf der Beilagenplatte ein buntes Bild. Sie sind sehr appetitlich anzusehen. Für den Gästeabend oder den Kindergeburtstag sind sie eine willkommene Überraschung.
Man reicht dazu knackige Salate mit frischen Kräutern und Kressesprossen, Kichererbsen- oder Sojasprossen.

Kartoffelgratin

Zutaten:

600 g Kartoffeln,
1 gestr. Teel. Vollmeersalz,
2 Teel. gemahlener Kümmel,
1 Knoblauchzehe,
3 Eßl. Schnittlauchröllchen,
Distel- oder Sonnen-
blumenöl.

Zubereitung:

Kartoffeln in der Schale dämpfen oder kochen, schälen und in dünne Scheiben schneiden.
Eine flache Auflaufform mit Distel- oder Sonnenblumenöl ausfetten. Die Kartoffelscheiben möglichst dicht in die Auflaufform schichten, Salz und Kümmel sowie die geriebene Knoblauchzehe darüberstreuen und die oberen Kartoffelscheiben mit Öl benetzen.
Den Backofen 10 Minuten auf 200°C vorheizen. Auflaufform in den Backofen schieben. Bei 250°C auf der Mittelschiene bei umgekehrtem Rost 10 Minuten backen.
Bei Bedarf etwas Öl nachgießen.
Die Schnittlauchröllchen über das fertige Gratin streuen.

TIP: Das Kartoffelgratin eignet sich vortrefflich für den Gästeabend oder auch mit einem wohlschmeckenden Salat für den Abendtisch.

Herzoginkartoffeln

Zutaten:

600 g mehlig kochende
Kartoffeln,
1 Teel. Vollmeersalz,
1 Ei,
1 Eßl. Sahne,
etwas gemahlene
Muskatnuß,
2 Eßl. Sonnenblumenöl,
evtl. etwas Sahne oder
Sojamilch.

Zubereitung:

Kartoffeln in der Schale dämpfen oder kochen, heiß schälen, durchpressen und mit Salz und Muskatnuß vermengen. Sollte der Teig zu trocken sein, gibt man noch etwas Sahne oder Sojamilch hinzu. Die Masse muß aber dicklich bleiben.
Das Backblech mit Alufolie auslegen und diese mit Öl einfetten. Die Kartoffelmasse in einen Spritzbeutel mit grober

Tülle füllen und kleine hohe Häufchen auf die Alufolie spritzen.

Das Ei mit 1 Eßlöffel Sahne verrühren und die Häufchen rundrum damit bestreichen.

Den Backofen 10 Minuten auf 220°C vorheizen, das Backblech auf die Mittelschiene schieben und in etwa 25–30 Minuten knusprig braun backen.

TIP: Diese Kartoffelhäubchen kann man zu allen gedünsteten Gemüsen und Salaten reichen. Sie sehen besonders festlich aus.

Kartoffelpüree

Zutaten:

800 g mehlig kochende Kartoffeln,

40 g Butter,

etwa ¼ l Sojamilch (die Menge richtet sich nach dem Stärkegehalt der Kartoffel),

4 Eßl. süße Sahne,

etwa 2 gestr. Teel. Vollmeersalz.

Zubereitung:

Die Kartoffeln 20–25 Minuten in der Schale dämpfen oder kochen. Danach schälen und möglichst heiß durch die Kartoffelpresse drücken. Butter, Salz und die heiße Sojamilch hinzufügen, mit einem Holzlöffel umrühren und gut aufschlagen, danach die Sahne hinzufügen.

TIP: Man verwende möglichst immer die Kartoffelpresse, nur so gibt es einen lockeren Brei. Beim Stampfen der Kartoffeln bzw. wenn man sie durch ein Sieb streicht, dann noch mit dem Schneebesen umrührt, gibt es eine zähe, klebrige Masse.

Der Eigengeschmack der Kartoffel muß erhalten bleiben, deswegen nur so wenig Salz wie möglich und keine Gewürze hinzufügen.

Wie bei der Herstellung von Suppen gibt es auch bei der Zubereitung von Soßen Grundregeln.

Wenn man diese beherrscht, so kann man schnell anhand des Grundrezepts jede gewünschte Soße herstellen.

Grundrezept:

Zutaten:

½ l Flüssigkeit,

40 g frischgemahlenes Vollwertmehl,

Gewürze und Kräuter je nach Geschmacksrichtung.

Zubereitung:

Man gibt das Vollwertmehl in die Flüssigkeit und rührt bis zum Kochen, läßt dann auf Stufe 1 oder ½ etwa 5 Minuten weiterkochen. Man rührt gelegentlich um. Danach würzt man die Soße und gibt zum Schluß die Kräuter hinzu.

Art der Flüssigkeit: Am besten geeignet ist die klare Gemüsebrühe, die man selbst anfertigt, s. Seite 117. Man kann aber auch die glutenfreien Gemüsebrühwürfel verwenden.

Variationsmöglichkeiten:

Tomatensoße:
Der Grundsoße nach dem Kochen 2 Eßlöffel pürierte Tomaten hinzufügen.

Meerrettichsoße:
¼ Stange geriebener Meerrettich.

Grüne Soße:
3 Eßlöffel pürierter roher Spinat.

Zwiebelsoße:
2 Zwiebeln in Kokosfett geröstet.

Pilzsoße:
60 g feingeschnittene Pilze in Kokosfett gedünstet.

Kräutersoße:
4 Eßlöffel unterschiedliche Kräuter.

TIP: Eine Verfeinerung des Geschmacks dieser Soßen erreicht man, indem man 1 Eßlöffel saure oder süße Sahne oder Sojamilch zum Schluß hinzufügt.

50 g Tofu, mit etwas Öl angerührt, rundet den Geschmack ebenfalls ab. 50 g Soja-, Linsen-, Kichererbsensprossen machen den Geschmack interessanter und heben den Nähr- und Vitalstoffwert. Liebt man einen säuerlichen Geschmack, gibt man den fertigen Soßen je nach Belieben jeweils 1 Eßlöffel Kartoffelessig, Apfelessig, Molke, Sauerkrautsaft oder Buttermilch zu.

Soßen

Tomatensoße

(paßt zu Getreide- und Kartoffelgerichten)

Zutaten:

40 g Kokosfett oder Diasan,
40 g Zwiebeln,
3 Eßl. süße Sahne oder Tofu,
400 g Tomaten,
etwas Vollmeersalz,
Basilikum, Majoran,
Thymian,
½ l gekörnte Brühe,
1 Löffelspitze Honig,
Kressesprossen oder
Basilikumblätter.

Zubereitung:

Die gewürfelten Zwiebeln in heißem Kokosfett hellgelb dünsten. Die Tomaten waschen und in Viertel schneiden. Alle Zutaten, bis auf die Sahne, im Mixer pürieren. Bei Verwendung von Tofu diesen mit in den Mixer geben. Kräftig abschmecken, vorsichtig erhitzen. Vor dem Servieren die geschlagene Sahne unterziehen, mit Kressesprossen oder Basilikumblättchen verzieren.

Currysoße

Zutaten:

1 Zwiebel (etwa 40 g),
1 Apfel,
50 g Tofu,
1 Eßl. Diasan oder
Kokosfett,
½ l Gemüsebrühe,
10 g Arrowroot,
1 gestr. Eßl. Curry,
2 Eßl. Sahne oder
Sojamilch,
etwas Zitronensaft,
Petersilie.

Zubereitung:

Zwiebel, Apfel und Tofu in Würfel schneiden und in heißem Fett kurz dünsten, die Brühe dazugießen und einige Minuten kochen lassen. Bindemittel, Curry und Sahne oder Sojamilch miteinander verrühren, in die Soße geben und alles kurz aufkochen lassen. Soße mit einigen Tropfen Zitronensaft abschmecken und mit viel Petersilie bestreuen.

Käsesoße

(geeignet für gedünstete Gemüse wie Blumenkohl, Fenchel, Kohlrabi und für Reisgerichte)

Zutaten:

½ l Gemüsebrühe,
20 g Reis-Vollwertmehl,
200 g Doppelrahm-
Frischkäse,
30 g Wal- oder Cashewnüsse
(fein gemahlen),
2 Eßl. Kartoffelessig,
1 Teel. Endoferm,
frisch geriebene Muskatnuß,
1 Eßl. gehackte Kräuter
(Basilikum, Petersilie, Dill,
Schnittlauch),
fein geriebener Parmesan-
käse.

Zubereitung:

Gemüsebrühe mit dem Reismehl verrühren und zum Kochen bringen. Auf kleiner Flamme etwa 5 Minuten kochen, ab und zu umrühren. Die anderen Zutaten dazugeben, abschmecken, Kräuter und den Parmesankäse darüberstreuen.
Mit Kresse- und Senfsprossen geben Sie den Soßen eine besondere Geschmacksnuance.

Kräutersoße

Zutaten:

300 g saure Sahne,
200 g Joghurt,
2 Eßl. Kartoffelessig,
4 Eßl. gehackte frische
Kräuter (Dill, Sauerampfer,
Borretsch, Estragon,
Thymian, Kerbel,
Liebstöckel, Pfefferminz,
Schnittlauch),
1 Teel. Honig,
1–2 Eier.

Zubereitung:

Sahne mit Joghurt glatt-
rühren, die feingehackten
Kräuter untermischen,
mit Kartoffelessig und
Honig abschmecken. Die
Eier hart kochen, ab-
schrecken, fein hacken
und unter die Soße mi-
schen.
Diese Soße schmeckt be-
sonders gut zu Schalen-
bzw. Pellkartoffeln.

Süßspeisen

Bei den folgenden Rezepten wird oft süße Sahne verwendet, da sich mit der Zöliakie nicht immer eine Milchunverträglichkeit verbindet. Sollte diese vorhanden sein, kann man bei fast allen Rezepten Milch mit Sojamilch, Sahne mit angerührtem Tofu austauschen.
Bindemittel für Süßspeisen:
Biobin kann immer in die jeweilige Crememasse trocken hineingestreut und mitgerührt oder geschlagen werden.
Agar-Agar muß vorher angerührt werden: Von ½ Liter Flüssigkeit ca. 3 Eß-löffel abnehmen. Die restliche Menge erhitzen. 8 g Agar-Agar (= 1 Teelöffel) mit der abgenommenen Flüssigkeit anrühren und mit einem Schneebesen in die kochende Flüssigkeit einrühren. Unter ständigem Rühren ca. 1 Minute kochen lassen, die Masse von der Kochstelle nehmen.
Mit Agar-Agar angerührte Speisen läßt man vor dem Servieren etwa ½ Stunde stehen, da es erst nach einiger Zeit bindet und die Masse beim Erkalten fest wird.

Obstsalat mit Weintrauben

Zutaten:

2 Äpfel,
1 Birne,
250 g blaue Weintrauben,
1 Banane,
250 g Zwetschgen,
1 Eßl. Haselnußmus,
2 Eßl. Zitronensaft,
1 Eßl. Honig,
2 Eßl. Kokosraspeln.

Zubereitung:

Äpfel und Birne vierteln, Kerngehäuse entfernen und in kleine Stücke schneiden. Weintrauben halbieren, entkernen. Die Banane in feine Scheiben schneiden. Zwetschgen entsteinen und grob würfeln. Haselnußmus mit dem Zitronensaft und Honig verrühren und mit dem Obst vermischen. Den Obstsalat in eine Schüssel geben und mit Kokosraspeln verzieren.

Obstsalat mit Aprikosen

Zutaten:

250 g getrocknete Aprikosen,
½ l Weißwein,
½ l Wasser,
1 gestr. Teel. geriebene Zitronenschale (unbehandelt),
200 g Himbeeren,
200 g Erdbeeren,
2 reife Pfirsiche,
¼ l süße Sahne,
2 Eßl. Sauerrahm (nach Belieben).

Zubereitung:

Aprikosen über Nacht in Weißwein quellen lassen. Mit Wasser und Zitronenschale etwa 20 Minuten bei milder Hitze kochen, Wasser abgießen, pürieren. Die frischen Früchte verlesen, waschen, gut abtropfen lassen. Pfirsiche in dicke Scheiben schneiden und mit Himbeeren und Erdbeeren vermischen. Das Aprikosenpüree darübergießen und kalt stellen.
Wenn die Speise einen leicht säuerlichen Geschmack haben soll, rührt man saure Sahne in die Obstmasse.
Dazu reicht man steifgeschlagene Sahne.

Heidelbeerspeise mit Kefir

Zutaten:

1 Becher fettarmer Kefir (500 g),
1 Becher Sahne-Dickmilch (175 g),
4 Eßl. Honig,
300 g frische Heidelbeeren,
1 Msp. echte Vanille,
Saft ½ Zitrone.

Zubereitung:

Kefir, Sahne-Dickmilch und die Hälfte des Honigs miteinander verquirlen. Heidelbeeren mit der Gabel zerdrücken, mit Vanille, dem restlichen Honig und dem Zitronensaft verrühren und kurz durchziehen lassen. Das Heidelbeermus unter die Kefirmasse ziehen. Ca. 1 Stunde kalt stellen.

Süßspeisen

Birnen-Quark-Speise

Zutaten:

4 Birnen,
Saft einer Zitrone,
½ Becher Sahne,
100 g Magerquark,
1 Msp. Zimt,
8 Walnußhälften.

Zubereitung:

Birnen schälen und halbieren, mit dem Zitronensaft beträufeln. Quark und Zimt verrühren, die geschlagene Sahne hinzugeben. Die Birnenhälften auf einem Teller anrichten, mit der Sahne-Quark-Mischung garnieren (evtl. Spritzbeutel benutzen) und mit den Walnußhälften belegen.

Bananenschaum mit Erdbeeren

Zutaten:

600 g reife Erdbeeren,
2 reife Bananen,
Saft einer Apfelsine,
Saft einer Zitrone.

Zubereitung:

Die Hälfte der Erdbeeren mit den in Stücke geschnittenen Bananen, dem Apfelsinen- und Zitronensaft im Mixer pürieren.
Die restlichen Erdbeeren halbieren und in einer Schüssel anrichten, mit dem Erdbeer-Bananenschaum übergießen und servieren.

Buttermilchcreme

Zutaten:

½ l Buttermilch,
3 Eßl. Honig,
2–3 Eßl. Zitronensaft,
1 Teel. geriebene Zitronenschale (unbehandelt),
1 Msp. echte Vanille,
2 Mßl. Biobin,
⅛ l Schlagsahne.

Zubereitung:

Buttermilch, Honig, Zitronensaft, Zitronenschale, Vanille, Biobin mit einem Schneebesen gut verrühren. Sahne steif schlagen. Sobald die Speise anfängt zu stocken, die Schlagsahne unterheben, in eine Schüssel oder Portionsschälchen füllen und kühl stellen. Man kann die Speise auch mit einem Rest der Schlagsahne verzieren und mit Hirsegebäck (S. 84) belegen.

Bananen-Grapefruit-Creme

Zutaten:

2 Bananen,
¼ l Grapefruitsaft, frisch gepreßt,
60 g Honig,
2 Eier,
1 Mßl. Biobin.

Zubereitung:

Bananen mit dem Saft, Honig und Eigelb pürieren. Biobin hinzugeben und nochmals kräftig schlagen, kühl stellen.
Wenn die Creme anfängt steif zu werden, den geschlagenen Eischnee unterheben.
Bis zum Servieren kalt stellen.

Mandarinencreme

Zutaten:

¼ l Wasser,
¼ l Sojamilch,
80 g Reis,
1 Msp. echte Vanille,
200 g Mandarinen,
100 g Speisequark,
1 Eßl. Honig,
⅛ l Schlagsahne,
8 g Agar-Agar.

Zubereitung:

Vom Wasser 2 Eßlöffel abnehmen zum Anrühren von Agar-Agar. Den Rest Wasser zum Kochen bringen und den Reis hineingeben. Nach 10 Minuten Kochzeit die Sojamilch und Vanille hinzugeben, nochmals durchkochen lassen und 20 Minuten in der Spar-Gar-Box ausquellen lassen.
Agar-Agar anrühren, in den heißen Reis geben und gut verrühren. Zum Auskühlen beiseite stellen.
Quark mit Mandarinenschnitzen und Honig verrühren, in den Reis geben, die Schlagsahne steif schlagen, unterheben und die Speise auskühlen lassen.

Erdbeer-Sahne-Creme

Zutaten:

800 g frische Erdbeeren,
⅛ l Wasser,
1 Teel. Agar-Agar,
1–2 Eßl. Zitronensaft,
½ Eßl. Honig,
¼ l Sahne.

Zubereitung:

Von der Flüssigkeit 2 Eßlöffel zum Anrühren von Agar-Agar abnehmen. Die gewaschenen, entstielten Erdbeeren mit dem restlichen Wasser erhitzen, Agar-Agar hineinrühren und einmal aufwallen lassen. Zitronensaft und Honig hinzugeben.
Wenn nach einiger Zeit die Creme anfängt dicklich zu werden, hebt man die Hälfte der geschlagenen Sahne unter, mit der anderen Hälfte verziert man die Speise.

153

Süßspeisen

Feine Mokkacreme

Zutaten:

¼ l Wasser,
2 Teel. Agar-Agar,
5 gehäufte Teel. gemahlener Kaffee,
50 g Akazienhonig,
¼ l Sahne.

Zubereitung:

Vom Wasser 2 Eßlöffel abnehmen und Agar-Agar damit anrühren. Den Rest des Wassers bringt man zum Kochen und überbrüht damit den Kaffee.
In den heißen Kaffee rührt man Agar-Agar und Honig.
Die Sahne steif schlagen und unter die abgekühlte Creme ziehen, kühl stellen.

Joghurtcreme

Zutaten:

3 Becher Joghurt (je 150 g),
3 Eßl. Honig,
2 Mßl. Biobin,
125 g helle Weintrauben,
125 g dunkle Weintrauben,
2 Eßl. Kirschwasser.

Zubereitung:

Weintrauben waschen, verlesen, abtrocknen lassen, halbieren und Kerne entfernen. Mit 1 Eßlöffel Honig und Kirschwasser beträufeln und durchziehen lassen.
Joghurt, 2 Eßlöffel Honig und Biobin gut verrühren. Abwechselnd Weintrauben und Creme in Gläser füllen, mit der Creme abschließen und mit ein paar Weintrauben verzieren.

Orangencreme mit Walnuß

Zutaten:

2 Eier,
2 Eßl. warmes Wasser,
1 Eßl. Akazienhonig,
2 Mßl. Biobin,
¼ l Milch,
10 Eßl. Orangensaft, frisch gepreßt,
½ Likörglas Orangenlikör,
1 Eßl. Zitronensaft,
70 g Walnußkerne.

Zubereitung:

Eigelb mit Wasser, Honig und Biobin schaumig schlagen. Es muß eine cremeartige Masse entstehen. Nach und nach Milch, Orangensaft, Likör, Zitronensaft hinzugeben, dabei kräftig weiterschlagen.
Eiweiß schaumig schlagen und unter die Crememasse heben. Von den Walnußkernen läßt man einige zum Verzieren zurück, die andern gibt man gehackt unter die Creme.

Hirsecreme

Zutaten:

70 g Hirse (in der Getreide-mühle fein gemahlen),
¼ l Wasser,
4 Eßl. frische Sahne,
2 Eßl. Honig,
3 Eßl. gemischte Nüsse oder Mandeln, gemahlen,
8 ganze Haselnüsse.

Zubereitung:

Das Wasser erwärmen, mit dem Schneebesen das Hirse-Vollwertmehl ein-rühren und eine Minute kochen lassen, dabei stän-dig rühren. Danach ab-kühlen lassen.
Die flüssige Sahne, Honig und Nüsse löffelweise zur Hirse geben und glattrüh-ren. In Schälchen anrich-ten, mit ganzen Nüssen verzieren.
Veränderung: Zuberei-tung wie vorstehend be-schrieben, zusätzlich eine reife, sehr fein zerdrückte Banane einrühren.

Zitronencreme

Zutaten:

3 Eier,
4 Eßl. warmes Wasser,
3 Eßl. Honig,
5 Eßl. Zitronensaft,
2 Mßl. Biobin,
evtl. etwas Schlagsahne.

Zubereitung:

Eigelb, warmes Wasser und Honig schaumig schlagen. Zitronensaft und Biobin hinzufügen und gut mit dem Schnee-besen einrühren, danach kalt stellen.
Wenn die Speise beginnt dicklich zu werden, Ei-weiß steif schlagen und unterheben. Eventuell et-was Schlagsahne unter-heben und damit ver-zieren.

Orangen-Weinschaumspeise

Zutaten:

2 Eier,
80 g Honig,
⅛ l Weißwein,
80 ml Orangen, frisch gepreßt,
½ Eßl. Zitronensaft,
2 Mßl. Biobin,
⅛ l Sahne,
Orangenstückchen.

Zubereitung:

Eigelb mit Honig schau-mig schlagen. Nach und nach Weißwein, Oran-gen-, Zitronensaft und Biobin hinzufügen, kräf-tig schlagen, danach eini-ge Zeit stehen lassen.
Eiweiß steif schlagen, ebenfalls die Sahne. Wenn die Speise anfängt steif zu werden, den Ei-schnee und die Hälfte der Sahne unterheben. Mit der restlichen Sahne und den Orangenstückchen die Speise verzieren. Bis zum Servieren kühl stellen.

Süßspeisen

Möhren-Pudding

Zutaten:

250 g Möhren,
50 g Rosinen,
½ Tasse Datteln,
1 großer, süßer Apfel,
1 Ei,
½ Tasse glutenfreie
Semmelbrösel,
1 Tasse Buchweizen-Voll-
wertmehl,
2 Mßl. Biobin,
1 Prise Vollmeersalz.

Zubereitung:

Die kleingeschnittenen Möhren mit so viel Wasser bedecken, daß sie nicht anbrennen, 15 Minuten auf Mittelstufe weichkochen lassen, dann pürieren.
Rosinen 1–2 Stunden im Wasser einweichen. Datteln entsteinen und kleinschneiden. Den Apfel grob raspeln.
Ei schaumig schlagen. Rosinen, Datteln, Apfel, Semmelbrösel, Buchweizenmehl mit Biobin und Vollmeersalz und nach und nach das Möhrenpüree hineinrühren. Sollte die Masse zu steif werden, gibt man etwas kohlensäurefreies Mineralwasser hinzu.
Die Masse füllt man in eine geölte Puddingform und kocht den Pudding im Wasserbad bei 175°C etwa 40 Minuten lang.
Man kann die Masse auch in eine Auflaufform füllen und 40 Minuten bei 175°C auf der Mittelschiene backen.
Den Pudding stürzt man, den Auflauf läßt man in der Form. Man kann beides mit geriebenen Möhren verzieren.

Reispudding mit Pflaumen

Zutaten:

200 g Reis,
300 ml Wasser,
½ l Wasser,
½ l Sojamilch,
2 Mßl. Biobin,
2 Eier,
150 g Honig,
50 g gemahlene Mandeln,
500 g frische Pflaumen,
1 Löffelspitze echte Vanille.

Zubereitung:

Von 200 g Reis 80 g abmessen und auf der Getreidemühle fein mahlen.
120 g Reis mit 300 ml Wasser 10 Minuten kochen und 20 Minuten ausquellen lassen, abkühlen.
In ½ l Wasser das Reismehl und Biobin zum Kochen bringen, gut rühren. Dann Sojamilch hinzugeben und kurz aufkochen lassen.
Die Eier schaumig schlagen, Honig und gemahlene Mandeln beifügen. Den ausgequollenen Reis und das gekochte Reismehl hinzugeben, alles miteinander verrühren.

Die Masse in eine geölte Form schichten und bei 175°C etwa 30 Minuten backen oder im Wasserbad kochen lassen.

In der Zwischenzeit die Pflaumen waschen, entsteinen und mit Vanille würzen, mit wenig Wasser einmal aufkochen, dann abkühlen lassen.

Den Pudding stürzt man, läßt ihn etwas auskühlen und übergießt ihn mit dem warmen Pflaumenkompott.

Ist es ein Auflauf, reicht man das Kompott gesondert dazu.

Die Pflaumen können durch Dörrpflaumen, die Mandeln durch gemahlene Sonnenblumenkerne ersetzt werden.

Diese Speise ist auch ein leckeres Abendessen.

Schlußbetrachtung

Wer nach dem Prinzip der Vollwertkost lebt, kann viel für seine Gesundheit tun: Diabetes, Stoffwechselstörungen und Karies vorbeugen, bestehende Krankheiten wie Zöliakie/Sprue mildern und gefahrlos machen, durch Vitamine und Mineralstoffe die Abwehrkräfte stärken und damit den geschwächten Körper wieder aufbauen.

Der hohe Ballaststoffanteil der Körner, der frischen Gemüse und Kartoffeln hält nicht nur die Verdauung gut in Gang, sondern sättigt schneller und für längere Zeit – eine gesunde Möglichkeit, schlank zu bleiben oder zu werden.

Eine vollwertige Ernährung ist aber auch deshalb zu empfehlen, da durch den biologischen Anbau der Pflanzen die Schadstoffbelastung unseres Körpers geringer bleibt.

Stellen Sie Ihre Ernährung schrittweise auf Vollwertkost um. Magen und Darm müssen sich langsam an die ballaststoffreiche Nahrung gewöhnen. Sollten dennoch in der Gewöhnungszeit Störungen im Darmbereich eintreten, bietet das vorliegende Buch gezielte Möglichkeiten, dieser Situation Herr zu werden.

Natürlich ist auch der Gang zum Arzt erforderlich. Ein Vertrauensverhältnis zum Arzt ist bei Zöliakie- und Sprue-Kranken als Lebensbegleitung wichtig. Zur Vollwerternährung sei noch folgendes vermerkt: Trinken Sie viel, damit die Ballaststoffe gut quellen können und nicht im Magen drücken.

Bei den glutenfreien Brotrezepten aus Vollwertmehlen, die aus der Getreidemühle stammen, ist die richtig bemessene Flüssigkeitszugabe sehr wichtig. Verbannen Sie Zucker aus Ihrer Küche. Süßen Sie mit Honig und mit süßen Früchten. Statt Salz nehmen Sie Vollmeersalz, und auch dieses nur in kleinen Mengen. Es läßt sich weitestgehend durch frische Kräuter ersetzen. Kartoffelessig und Zitrone runden die Speisen geschmacklich ab. Auch Sauerkrautsaft und Molke geben vielen Speisen eine delikate Geschmacksrichtung.

Geben Sie Ihrem Küchenalltag eine besondere Note und arbeiten Sie nicht nur nach fertigen Kochrezepten. Handeln Sie nach der Devise: Die Küche – mein Experimentierfeld für die Gesundheit der ganzen Familie.

Literaturverzeichnis

Thema des Monats:
„Zucker – eine umfangreiche Studie"
„Soja als Lebensverlängerung"
Universität Berkeley, Kalifornien
Gesundheitsreport Intern
Ausgabe Juni 1985
Remsstraße 12
71083 Herrenberg

„Bircher-Benner-Handbuch für Magen- und Darmkranke"
Bircher-Benner-Verlag
Hamburg/Zürich, 1968

„Diät bei Übergewicht und gesunde Ernährung"
H. J. Holtmeier
Thieme-Verlag, 1986

„Einfach anders essen"
Rolf Goetz/Peter Queissert
Pala-Verlag, 1985

„Die besondere Wirkung der Soja als Heilnahrung
bei der Behandlung der Säuglings-Pyurie"
R. Mader Klivo 10, 2347, 1931
Zeitschrift des Verbandes der
Krankenhausärzte Deutschlands, 1933

„Häufigkeit von Nahrungs- und Genußmittelallergien
im Säuglings- und Kleinkindalter"
N. Ossenbach
Medizin heute, 8, 1959

„Nutze die Heilkraft der Nahrung"
Ernst Schneider
Saatkornverlag
Hamburg, 1955

„Experiment mit Sojamilch an Säuglingen in den
ersten Lebenswochen bis zum 9. Monat"
Tso E.
A vegetable milk substitute for North China
Jour. Physiol. 90: 542, 1959

„Unser Kräutergärtlein"
Ulrike Lindner
Herausgeber: Landwirtschaftskammer Rheinland
2. Auflage, 1984
Rhein. Landwirtschaftsverlag

„Die große Nährwerttabelle"
Institut für Ernährungswissenschaft
der Universität Gießen
Gräfe und Unzer Verlag, München
Neuausgabe 1988/89

Weiterführende Literatur

„Vegetarische Vollwertkost"
Böttner, Barbara
BLV Verlagsgesellschaft
München, Wien, Zürich

„Hülsenfrüchte in der Vollwertküche"
Von Eichborn, Benita
Gräfe und Unzer Verlag
München

„Küchenkräuter selbst gezogen"
Fritzsche, Helga
Gräfe und Unzer Verlag
München

„Kochen mit Tofu"
Gaddis, Patricia
Otto Maier Verlag
Ravensburg

„Glücklicher leben mit Vollwertkost"
Hölzle, Hildegard
Schnitzer-Verlag
St. Georgen im Schwarzwald

„Kochen mit Tofu"
Kolster, Uwe
Falken Verlag
Niedernhausen

„Gesund mit Reis"
Mar, Lisa
Hädecke Verlag
Weil der Stadt

„Keime, Sprossen, Grünkraut"
Aicher, Gisela
Schnitzer-Verlag
St. Georgen im Schwarzwald

„Schweinefleisch und Gesundheit"
Reckeweg Hans-Heinrich
Aurelia-Verlag
Baden-Baden

„Diät bei Allergie"
Renzenbrink, Udo
Hermetika-Verlag
Kinsau

„Gesund werden durch Abbau von
Eiweißüberschüssen"
Wendt, Lothar
Schnitzer-Verlag
St. Georgen im Schwarzwald

„Heilung über Magen und Darm"
Stephan, Karl
Schnitzer-Verlag
St. Georgen im Schwarzwald

Alphabetisches Inhaltsverzeichnis zu Vollwertige, glutenfreie Ernährung – Rezepte für die ganze Familie

Die Bücher des Schnitzer Verlags

Die Bücher des Schnitzer Verlags vermitteln Ihnen ein fundiertes Wissen über die natürlichen Gesundheitsgrundlagen, die Ursachen der chronischen Zivilisationskrankheiten und die Möglichkeiten zu deren Verhütung und Überwindung sowie über die praktische Anwendung einer urgesunden Ernährung. Es sind u. a. folgende Titel erhältlich:

Dr. J. G. Schnitzer
Das volle Leben
ISBN-Nr. 3-922 894-41-0
100 Seiten

Dr. J. G. Schnitzer/
M. Schnitzer
**Schnitzer-Intensivkost/
Schnitzer-Normalkost**
ISBN-Nr. 3-922 894-28-3,
mit 14-Tage-Menüplänen,
Berechnungsangaben und
100 Farbtafeln, 186 Seiten

Dr. J. G. Schnitzer
**Backen mit Vollkorn
für Hausfrauen und
Hobby-Bäcker**
ISBN-Nr. 3-922 894-29-1
12 Lektionen Wissensgrundlagen, 16 Brot- und Gebäckarten, 96 Seiten

Dr. J. G. Schnitzer
Nie mehr Zahnweh
ISBN-Nr. 3-922 894-14-3
446 Seiten, 71 Abbildungen

Ralf Moll / Wolfgang Spiller
Schachmatt den Allergien
ISBN-Nr. 3-922 894-34-8
167 Seiten

Dr. J. G. Schnitzer
**Biologische Heilbehandlung der Zuckerkrankheit
und ihrer Spätfolgen**
ISBN-Nr. 3-922 894-33-X
184 Seiten

Dr. J. G. Schnitzer
**Gesundheit für
unsere Jugend**
ISBN-Nr. 3-922 894-10-0
292 Seiten

Prof. Dr. med. Lothar Wendt
**Gesund werden durch
Abbau von Eiweißüberschüssen**
ISBN-Nr. 3-922 894-44-5
312 Seiten, 42 Abbildungen,
13 Tabellen

Dr. med. Karl Stephan
**Heilung über Magen
und Darm**
ISBN-Nr. 3-922 894-38-0
144 Seiten

Werner Vogel/
Marlies Dorschner
Yoga mit Heilwirkungen
Programm mit 15 Lektionen
ISBN-Nr. 3-922 894-39-9
172 Seiten, 207 S/W-Fotos

Marlies Dorschner
Begleitkassette
„Yoga mit Heilwirkungen"
Übungskassette I
Art.-Nr. 3052
Übungskassette II
Art.-Nr. 3053
Je Kassette 9 Übungen und
Tiefenentspannung

Hildegard Hölzle
**Glücklicher leben mit
Vollwertkost**
ISBN-Nr. 3-922 894-26-7
Über 400 köstliche Rezepte
aus der gesunden Vollwertküche – davon 50 Rezepte
für Alleinstehende – 176
Seiten mit vielen Farbfotos

Johanna Dopfer
**Nina und der
springende Punkt**
Kinderbuch
ISBN-Nr. 3-922 894-48-8
32 Seiten, durchgehend
vierfarbig

Gisela Aicher
Keime, Sprossen, Grünkraut – Bausteine zur Vollwerternährung
ISBN-Nr. 3-922 894-58-5
112 Seiten, reichhaltig
vierfarbig bebildert

Ingeborg Zellmann
**Vollwertrezepte aus der
Mittelmeerküche
Italien – Griechenland**
ISBN-Nr. 3-922 894-53-4
160 Seiten, reichhaltig
vierfarbig bebildert

Anneliese Lehmann
**Meine besten Rezepte aus
der Vollwertbackstube**
ISBN-Nr. 3-922 894-93-3
224 Seiten, reichhaltig
vierfarbig bebildert